JN086530

暮らしが本当にラクになる!

ベアーズ式

家事事典

Bears' Housework Encyclopedia

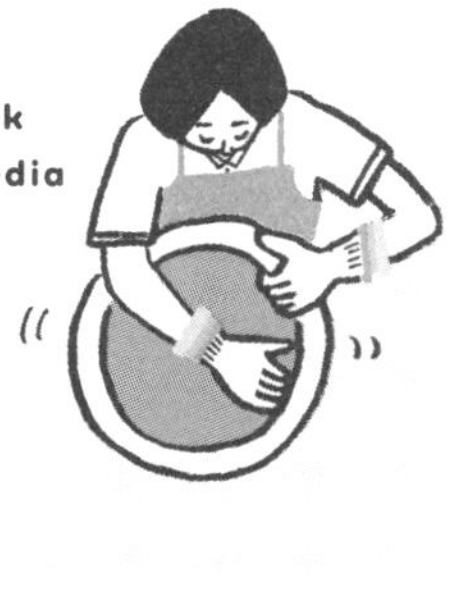

監修 ベアーズ

アスコム

まえがき

この本を手に取ってくださって、ありがとうございます。

みなさんの中には、楽しく家事をしている方もいれば、
「できればやりたくない」「時間がない」といった悩みを抱えている方、
家事をちゃんとこなせないことに自信をなくしている方も
いらっしゃるのではないでしょうか。

しかし、この本で私たちが何よりもお伝えしたいのは、
「家事を完璧(かんぺき)にやろうと思いすぎないでください」
「頑張りすぎないでください」ということです。
「ベアーズ」は家事代行の会社です。仕事に、育児に、
家事に頑張りすぎている方、忙しくて家事に十分な時間がかけられない方、
家事が苦手な方など、家事に悩むすべての方が
笑顔で前に進めるお手伝いをしたいと、23年前に創業しました。

家事には「ゴール」がありません。完璧にしようと思うと、
やることはいくらでも出てきますが、それらを全部こなすのは大変ですし、
疲れ果ててしまいます。

家事は本来、自分や家族が家で気持ちよく過ごせるように行うもの。
ですから、家事に追われて疲れたり自信をなくしたりするのは本末転倒。
もしみなさんが今、家事に疲れ気味なら、家事のやり方を
見つめ直してみましょう。もしかしたら、必要以上に頑張ってしまっている、
あるいは効率の悪いやり方をしてしまっている部分があるかもしれません。

適切な道具をそろえたり、手順を変えたり、スムーズに進めるための
コツをつかんだりするだけで、家事は劇的にラクになり、
効率化でき、時間が短縮できます。この本では、家事の時短ができる、
もしくは面倒な家事をラクにできるちょっとしたテクニックや、
キレイが長持ちする掃除術などをお伝えしています。
いずれも、ベアーズのスタッフが研修で学び、実践している方法です。

この本が、家事に悩む方、家事が苦手だという方、
新たに家庭を持ったり一人暮らしを始めたりして、
これから家事に取り組む方の支えにつながること、
そしてみなさんが家事を楽しみ、ゆとりをもって毎日を快適に
過ごしていただけることを、心から願っています。

Part 1

掃除

楽しくラクに
わが家をキレイにする

居心地のよい
空間をつくりましょう

お部屋

キッチン

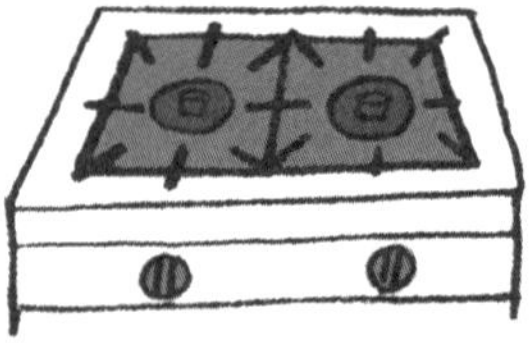

Part 2 収納

散らかってもすぐに片づく

まずは「適度な数に整える」ことから始めましょう

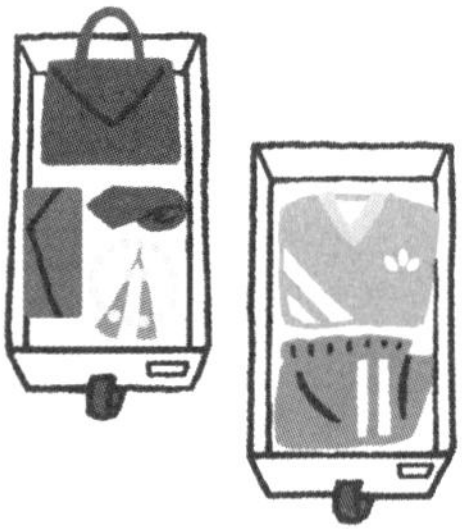

Part 3 料理

冷凍つくおき&健康スープ

冷凍つくおきは時間のない日の強い味方

Part 4

ふっくらキレイに仕上げる

洗濯

「服を傷めずキレイにする」が洗濯の基本

Part 5

ベアーズ式 12か月の家事カレンダー

Part 1

掃除

楽しくラクに わが家をキレイにする

楽しくラクにキレイに、が掃除の基本。そのために必要な掃除の基本と役に立つツール、ちょっとしたテクニックをお伝えします。

居心地のよい空間をつくりましょう

リビング、和室、寝室などの居住空間は、家族が集まったり、お客さまを迎えたり、心身を休めて英気を養ったりするための場所。できるだけ居心地のよい状態にしておきたいものです。

そのためにも欠かせないのが、こまめに掃除をし、さまざまな汚れ、特にホコリを取ること。ホコリが残っていると、部屋全体が薄汚れて見えるだけでなく、アレルギーを引き起こす原因にもなりかねません。しっかりと掃除をし、自分自身や大切な家族のために、常にキレイで衛生的な空間にしておきましょう。

そして、掃除をする際に重要なのが、換気を徹底することです。どんなに掃除をし整理整頓をしても、窓を閉めきっていては、空気がよどんだまま。換気をすることで、新鮮な空気を取り入れることができると同時に、空気が動いて、隠れていたホコリが出てくるため、掃除もしやすくなります。ですから、掃除の前には必ず窓を開け、部屋全体に風を通しましょう。

部屋に複数の窓がある場合は2か所以上開け、空気の通り道をつくります。窓が1か所しかない場合は、扇風機を部屋

の中から窓の外に向けて回し、空気を循環させるとよいでしょう。カーペットを巻き上げる、カーテンを持ち上げるなど、部屋の中のものを動かすことも、いつもと違った風を生み、換気につながります。

また、光を採り込むことも換気の一環です。カーテンを閉めっぱなしにしていると、湿気がこもってカビの原因にもなります。日中はカーテンを開け、部屋に光を採り込みましょう。窓ガラスや鏡を磨くことも大切です。ここがピカピカに磨き上げられていると、部屋全体が明るく、美しく見えるようになります。換気をし、新鮮な空気と光に満たされた部屋は、長い時間を過ごしたくなる、居心地のよい空間になること間違いなしです。

なお、家族団らんの空間であるリビングには、家族がそれぞれいろいろなものを持ち込みます。ものの置き場所をきちんと決め、私物は自室に持ち帰ることを基本として、整理整頓を常に心がけておくと、部屋全体がスッキリと見え、居心地がよくなるだけでなく、掃除もしやすくなります。

掃除はあせらず、あわてず、やさしい気持ちで

ただ一生懸命家事をやっているだけなのに、無意識のうちに眉間（みけん）にシワが寄っていた…。そういう経験はありませんか？

掃除を含め、家事をする際には「あわてない」「あせらない」「やさしい気持ちで」の３つが大切です。

まず、計画性を持つこと。「急な来客にあわてて掃除をしたものの、かえって掃除する前より散らかってしまった」「あせってムダな力が入った結果、家具や家にキズをつけ、さらにそのキズに汚れが入り込んでしまった」といった話は、よく耳にします。

一度に全部掃除しようとしないことも大事です。まとめてキレイにしようとすると、あまりにもやることが多くて嫌になってしまったり、途中で力尽きて、最後まで掃除しきれなかったり、といったことが起こりやすくなります。

そうならないためにも心がけたいのが、汚れをためないように日ごろから予防を徹底させること。汚れは時間がたつほど落ちにくくなります。毎日短時間のお掃除タイムを取り入れ、早めの対策を習慣づけておくと、

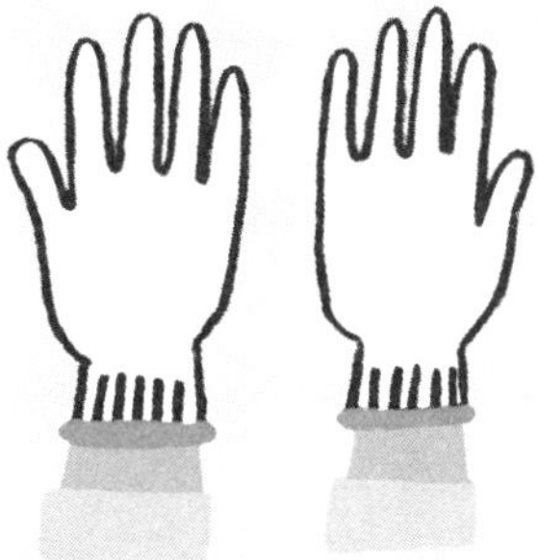

いざというときにあわてなくて済みます。たとえば、シンクや洗面台の水滴は使うたびに拭いておく、トイレで用を足したら便器をひと拭きする、入浴後は浴室の床の水気を足で排水口に流す、調理後の余熱があるうちにガス台を磨くなど、使い終わったあとのちょっとしたケアで、キレイを維持することができ、掃除がグッとラクになります。

また、「輝かせるべき場所」を見極めることも大事です。もちろん、家じゅうをピカピカにできればいいのですが、時間的・体力的に難しい場合は、たとえばステンレスの蛇口、鏡、ガラスなどをピカピカにするだけで、家全体が美しく見えます。目につくところがピカピカだと、掃除をやったという満足感も得られますし、居心地のよさも感じられるでしょう。

そして、何よりも大切なのが、やさしい気持ちで取り組むこと。自分自身や家族の快適な生活を守り、支えてくれている家や家具などを、感謝の気持ちを込めてキレイにする。そうすることで、自然と笑顔になり、家族も居心地がよくなって、家の中に穏やかな空気が流れていきます。

家事は愛で始まり、愛につながる

掃除、片づけ、料理など、日々尽きることのない「家事」は、「面倒くさいもの」「できればやりたくないもの」と思ってしまうかもしれません。

でも、家事は、明日へのパワーをチャージする「家」という生活空間に、絶え間なくエネルギーを注ぎ込むためのもの。キレイに片づけ、掃除をして食事をつくる…。すべての家事は、自分や家族、パートナーが、家にいる時間を気持ちよく過ごせるように、という「愛」から始まっているといえます。

ですから、家事をするときには、そんな愛する気持ちを思い出してみましょう。きっと家の中にハッピーな空気が漂ってくるはずです。

家の中を愛にあふれた居心地よい空間にするためには、好きなもの、キレイなものを身のまわりに置いたりすることも大切。整理整頓の際には、「いらないものを捨てる」とは逆の発想で、好きなものを残すようにしましょう。好きなものに囲まれていると、それだけでハッピーな気持ちになります。

また、掃除の際、消毒用エタノールにアロマエッセンシャル

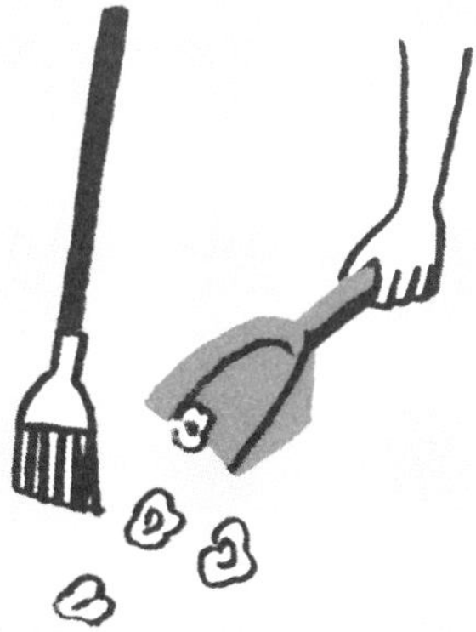

オイルを混ぜた「エタノールアロマ」を使うのもおすすめです。エタノールアロマは、香りづけと同時に除菌や殺菌もできる優れものですが、好きな香りに包まれながら行えば、掃除も楽しくなるはず。トイレは消臭効果の高いユーカリやミント、ベッドルームは安眠を誘うラベンダー…といったように、その空間に合った香りを使い分けるのもいいでしょう。

ところで、掃除が苦手だという人は、つい掃除を後回しにしてしまいがち。その結果、部屋が汚れ、「どうせ汚いし、もういいや」と、ますます掃除をする気が起きなくなる…という悪循環に陥ってしまいます。しかし、それでは家を愛することができません。逆に、家の中がキレイだと、「汚したくない」という気持ちが起こり、掃除に対する意欲が高まるという好循環が生まれます。

掃除は、自分自身や家族が健康に幸せに暮らすために必要不可欠。この本でご紹介するカンタンなお掃除術を参考に、楽しくラクに家の中をキレイにしましょう。

ベアーズ式お掃除 基本のき

01 ホコリを取ってから拭き掃除

掃除の順序

01 / ホコリを取る

1

まずは窓を開けて換気！
部屋の空気を入れ替えます

掃除を始める前に必要なのは換気。必ず2か所、窓を開け、こもった空気を入れ替えましょう。空気を動かすことでホコリも動き、掃除がスムーズに。光を採り込むことも換気の一環です。

2

ホコリは必ず、
上から下へはらい落とす

ホコリはランダムにはらうのではなく、必ず上から下へはらい落とします。高いところから順に、床に落としていくイメージです。

3

床に落ちたホコリを
掃除機で吸い取る

床に落ちたホコリは、掃除機で吸い取ります。いきなり水拭きすると、ホコリがダマになって落ちにくくなるので、ホコリをはらう→掃除機で吸う→拭き掃除の順に。

02 / 汚れを拭き取る

1

拭き掃除は、①水拭き②乾拭き③仕上げ磨きの順で

拭き掃除は基本的に、この順番で行い、汚れをとってピカピカにします。

2

ぞうきんや布は3種類あると便利

ぞうきんや布は、水拭き用、乾拭き用、仕上げ磨き用の3種類用意しましょう。色や柄を変えるとパッと見でわかります。ケバの立たない素材を選び、乾かすときは風通しのよい場所で。

3

奥から手前に拭きましょう

ぞうきんを車のワイパーのように左右に動かすと、拭きムラができます。奥から手前へと一定方向に拭くことで、拭き残しを防ぎます。

02

ベアーズ式 お掃除ツール 効率アップ！便利なお掃除道具

基本の掃除道具

最初に、基本の掃除道具をつくりましょう！
材料は身近なものばかり。これらを使えば、
ムダな力を使わず、簡単に汚れを落とすことができます。

マンゴーカットスポンジ

カッターで、スポンジのやわらかい面に格子状の切り込み（基本は縦2本&横3本。深さは3分の2程度）を入れます。この切り込みにはさみ込んで磨くことで、細かい部分の汚れを落とせます。

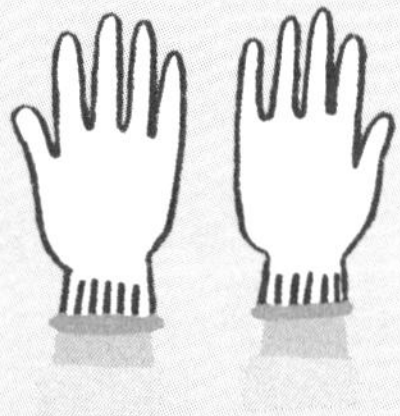

軍手ぞうきん

ゴム手袋の上から軍手を装着します（洗剤がたれないよう、ゴム手袋のすそは折り返します）。これを使うと、ぞうきんが入りにくいすき間や細かい箇所を、指先の感覚で掃除できます。

綿棒せんす

綿棒を5本用意し、扇状になるよう、下のほうを輪ゴムでとめます。インターホンのマイクのすき間など、指が入らない場所の掃除に便利。輪ゴムをずらせば、反対側も使えます。

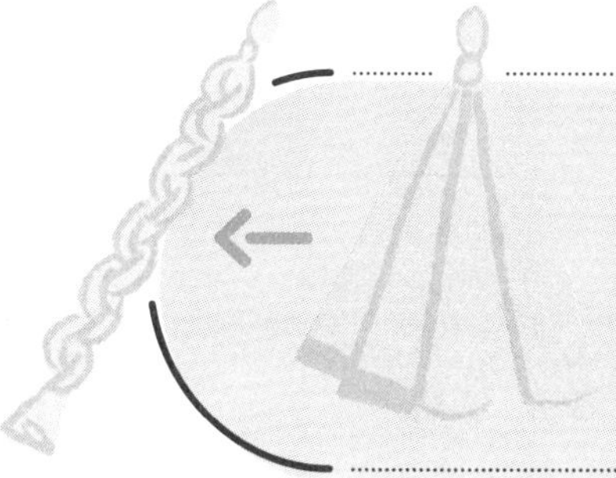

三つ編みストッキング

ストッキングを半分に折り、真ん中のつけ根部分を結んで3本にし、先端までゆるめの三つ編みにします。掃除の最後、水気が完全に乾いた状態で、ステンレス素材の仕上げ磨きに使います。

ストッキングハンガー

針金ハンガーのフック部分とその下を持って引っぱり、ひし形にして、ストッキングの中に入れます。残った部分はフック部分に巻きつけて持ち手に。高いところや家具のすき間の掃除に便利！

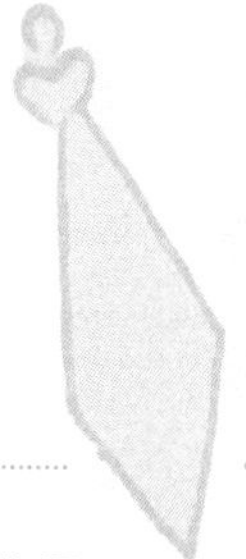

ストッキングだんご

古い靴下（片方）をつま先のほうから筒状に丸め、太ももあたりで切ったストッキングの中に入れ、靴下を芯にしてストッキングをだんご形に丸めます。静電気効果でホコリや汚れが簡単に落ちます。

トイレットペーパーノズル

トイレットペーパーの芯の端に約2cmの切り込みを5か所ほど入れ、反対側の端は斜めにカット。切り込み側を掃除機のホースの外側にかませ、ガムテープで固定すれば、便利な使い捨てノズルに！

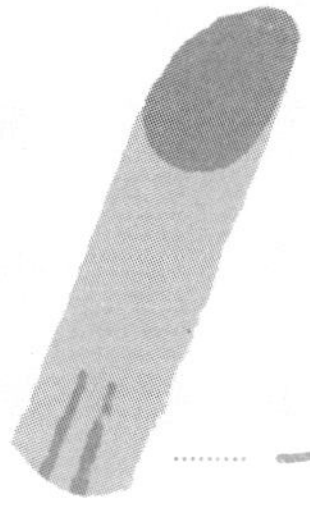

03

ベアーズ式 お掃除の基本 まずは換気を徹底する

換気・掃除

居心地のよい空間をつくるために

換気をすることで、新鮮な空気を取り込み、
ホコリも取りやすくなります。
居心地のよい空間をつくるため、こまめに換気を。

Rule 01

窓を2か所以上 開けて 空気を入れ替える

窓を2か所以上開け、空気の通り道をつくります。窓が1か所しかなければ、扇風機を部屋の中から外に向けて回しましょう。

Rule 02

カーテンを 開けて 光を採り込む

光を採り込むことも換気の一環。部屋が暗いと湿気がこもり、カビの原因にもなります。日中はカーテンを開けましょう。

Rule 03

ホコリは 上から下へ 順に落とす

ホコリは必ず上から下へはらい落としましょう。床に落ちたホコリを掃除機で吸い取り、最後に拭き掃除をするのが掃除の基本です。

換気をすることも立派なお掃除！

リビング、寝室などの居住空間は人の出入りが多く、
特にホコリがたまりやすい場所。
掃除を始める前に、まずは換気しましょう。

Point

床、テレビ、窓を磨くと汚れが取れて、部屋全体がクリアな印象に。

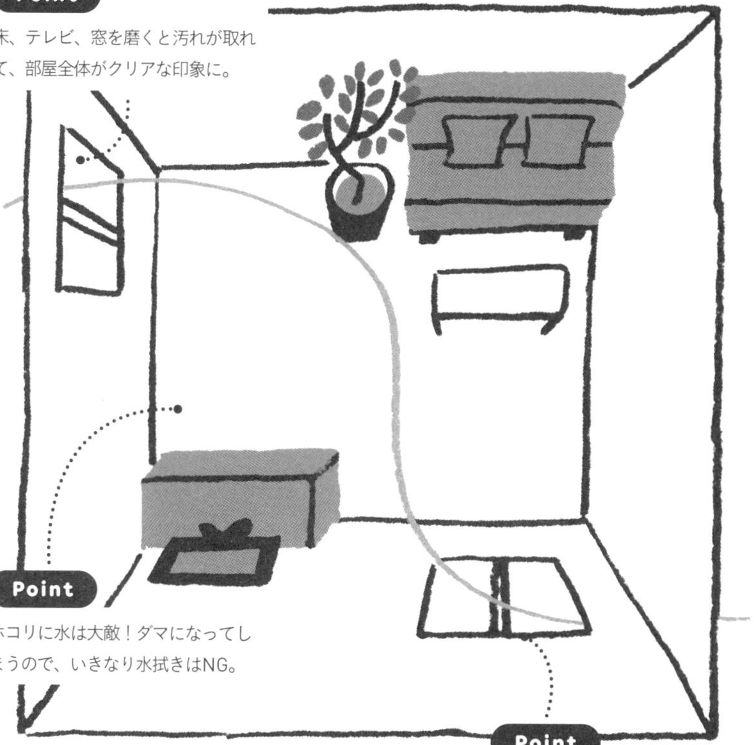

Point

ホコリに水は大敵！ダマになってしまうので、いきなり水拭きはNG。

Point

掃除機をかけるときは、窓を2か所開けよう。

04

「部屋の奥から手前へ」が鉄則 部屋の床掃除

8分

アイテム

・掃除機
・ぞうきん
・消毒用エタノール
・古Tシャツ

換気→掃除機→ぞうきんがけが床掃除の基本

部屋を掃除するときは、
換気→掃除機→ぞうきんがけ、
そして「奥から手前へ」が鉄則。

step 1

換気をもう一度確認

最初に、換気が十分か確認しましょう。空気が動かないとホコリがたまります。窓を2か所以上開ける、扇風機を回すなどして、風の通り道をつくりましょう。

step 2

掃除機は奥から手前へ

部屋のいちばん奥から出入り口に向かって掃除機をかけます。方向が逆だと、せっかく掃除を済ませた手前のエリアに、またホコリがたまってしまいます。

step 3

掃除機は木目に沿って一定方向に

掃除機は、家具や床を傷めないよう手に持ち、フローリングの木目に沿って一定方向にかけます。最後に壁のきわに沿って掃除機をかけ、隅までキレイに！

step 4

ぞうきんがけも奥から手前へ

ぞうきんを固く絞り、部屋の奥から手前に向かって、木目に沿って拭いていきます。汚れがひどいときは、消毒用エタノールをぞうきんにスプレー。

step 5

乾拭きで床に光沢を

古Tシャツなどで、一定方向に乾拭きをします。このひと手間で、フローリングに光沢が生まれ、つややかな床になります。

15分 ラグ、畳

アイテム

・掃除機
・ぞうきん
・酢水

step 1

畳の目に沿って 掃除機を

換気後、畳の目に沿って、部屋のいちばん奥から出入り口に向かって掃除機をかけます。目に垂直にかけると、畳が傷んでしまうので気をつけましょう。

step 2

水拭きも 畳の目に沿って

固く絞ったぞうきんで畳の目に沿って水拭きをし、水気が残らないよう乾燥させます。汚れがひどいときは酢4:水6の酢水をスプレーして拭きましょう。

step 3

ラグの掃除は 毛流れと逆に

毛足の長いラグは、毛流れに逆らって掃除機をかけます。コロコロを使うと粘着が移ることがあるので、ラップの芯に輪ゴムを7個ほどはめ、転がすのも手。

子どもが汚しちゃった！ を解決

家具や壁などに落書きをしたり、食べものをこぼしたり、ケガをしたり、子どもがいるといろいろなハプニングが起こります。
でも、汚れに合った対処法を知っておけばきちんと落とせるので、あせらなくて大丈夫！
ここでは「子どもが汚しちゃった！」を解決する方法をいくつかご紹介します。

COLUMN_01

しょうゆやジュースなど 水溶性の汚れ

その場で汚れた服を脱げるようなら、水で洗い流すのが一番。もしくは、乾いた布やティッシュでつまんで水分を吸い取ります。それでも取れなければ、シミの裏にタオルを当て、タオルに汚れを移すイメージで、食器用洗剤をつけた歯ブラシでたたいて。

マヨネーズなど 油性の汚れ

水をつけると逆に落ちなくなってしまうので、水分のあるもので拭くのは避けましょう。シミの裏側にタオルを当て、タオルに汚れを移すイメージで、重曹と水を6:4の割合で混ぜた重曹ペーストかクレンジングオイルをつけて歯ブラシでたたき、そのまま洗濯機へ。

血液の汚れ

血液も水溶性の汚れなので、放置しなければ水で落ちます。血液や牛乳などたんぱく質のものは、お湯で洗うと凝固するので要注意。カーペットなどについてしまった場合は、オキシドールをつけてポンポンとたたいて汚れを落とし、水拭きをして乾かして。

尿

尿も水溶性の汚れですが、カーペットなどについた際はアンモニア臭が残ることがあるので、掃除には注意が必要です。消毒用エタノール10mℓに重曹を5g加えて混ぜたものを古布につけ、尿がついた部分をたたいて汚れを取り、別の古布で水拭きを。

ガム

ガムは固形物を含んだ不溶性の汚れ。ついた場所が洋服でも床でも、保冷剤や氷で一度キンキンに冷やし、指やヘラなどではがすように取ってみて。それでも取れない場合は固形せっけんを直接つけ、歯ブラシで軽くこすって取り、水拭きしましょう。

部屋の中で嘔吐

ウイルス性の場合があるので、素手で処理はせず、まずはゴム手袋とマスクをつけ、部屋の換気をしてから塩素系漂白剤で除菌を。アルコールではなく、塩素系漂白剤や次亜塩素酸ナトリウムで除菌しましょう。

壁やたんすのシール

ドライヤーの温風をシールに当て、粘着性を弱めてはがします。それでも取れない場合は、シールに酢をつけ、その上からラップをして、5分ほどおいてからドライヤーを当ててください。酢で素材を傷めてしまうことがあるので、まずは目立たないところで試して。

マジックやクレヨンで家具に落書き

マジックやクレヨンは、食器用洗剤を歯ブラシにつけてこすり、水拭き→乾拭き→仕上げ磨きを。どちらも除光液でも落ちますが、壁や床が変色する場合があるので、素材によっては注意が必要。

05 窓・窓まわりのお掃除

上から下へ一定方向に拭く

15分 窓

アイテム
・ストッキングだんご
・ぞうきん
・古Tシャツ

窓掃除は上から下へ

ぞうきんやストッキングだんごを使い、
上から下へ一定方向に拭いていきます。
作業手順を間違えないよう注意しましょう。

step 1

ホコリを取る

最初から洗剤や水を使うと、ホコリがダマになって逆効果。乾いたストッキングだんごで、上から下へとホコリを落としましょう。

step 2

ぞうきんで上から下へ拭く

次に固く絞ったぞうきんで、そのあと乾いたぞうきんで上から下へ一定方向に拭きます。最後に、古Tシャツなどの布で仕上げ磨きをし、ピカピカに。

4分 網戸

泡で網戸の汚れをキャッチ

アイテム

- スポンジ
- 固形せっけん
- ぞうきん
- クリームクレンザー
- 歯ブラシ
- ストッキングだんご

step 1 ホコリを取り、洗剤液を作る

最初にストッキングだんごでホコリを取ります。次に、洗面器にぬるま湯を入れ、固形せっけんを泡立てて洗剤液を作り、スポンジで泡をすくいます。

step 2 スポンジ+ぞうきんで網戸をはさむ

泡をすくったスポンジと固く絞ったぞうきんで網戸をはさみ、スポンジでホコリをぞうきんに押し出しながら、両手を上から下へと移動させます。

step 3 ひどい汚れは歯ブラシでこする

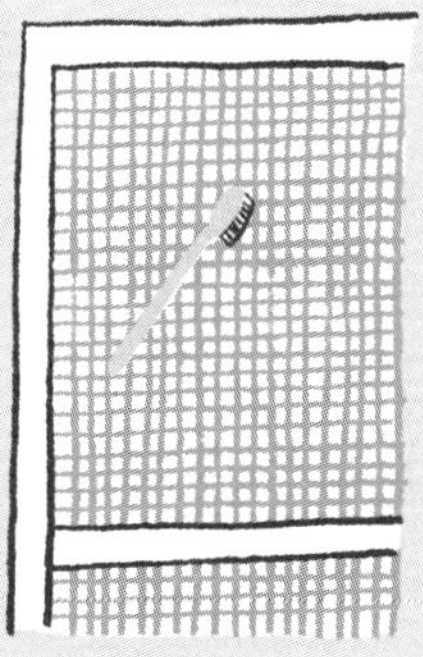

ひどい汚れがある場合は、使い古しの歯ブラシにクリームクレンザーをつけてこすってから、②の工程を忘れずに行います。

15分 窓の桟

ホコリがたまりやすい窓の桟もピカピカに！

アイテム

- 掃除機
- ぞうきん
- 住宅用洗剤
- トイレットペーパーノズル
- マンゴーカットスポンジ

step 1

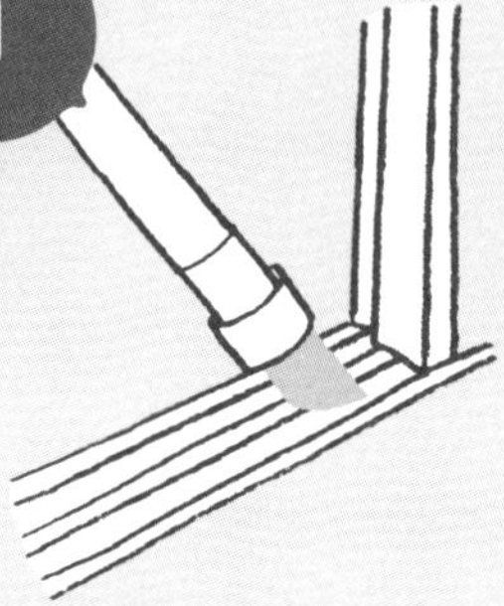

掃除機でゴミを吸い取る

使い捨てのトイレットペーパーノズルを掃除機に装着し、桟(さん)についた泥などの汚れを取ります。ノズルは必ず、掃除機のホースの外側に装着してください。

step 2

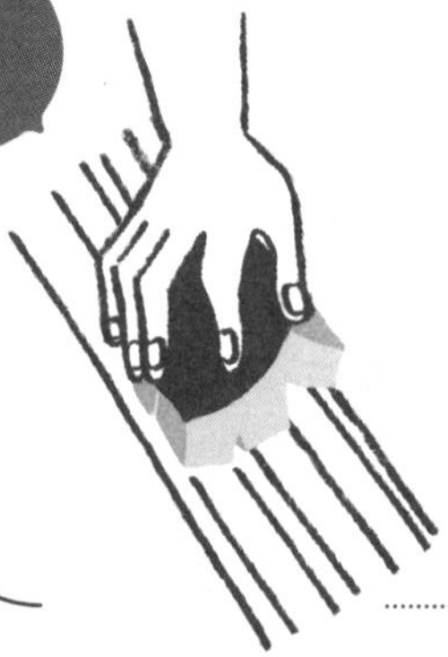

住宅用洗剤でキレイに

住宅用洗剤をスプレーしたマンゴーカットスポンジの切り込みをレールにあて、1本1本はさみ込むようにしながら拭いていきます。

step 3

仕上げは水拭きで

固く絞ったぞうきんで水拭きをします。洗剤液が残らないよう、しっかり拭きましょう。隅に汚れがたまっているときは、歯ブラシや綿棒を使って掃除を。

カーテンレール

アイテム
・ストッキングハンガー

静電気でホコリを取る

ストッキングハンガーをフック形に変形させ、カーテンレールに引っかけてすべらせると、静電気でホコリがとれます。

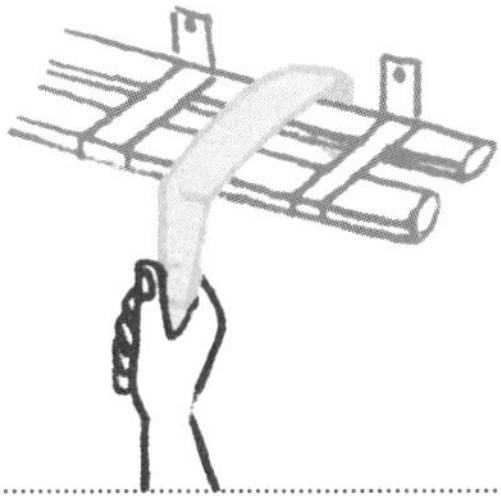

出窓の桟

アイテム
・軍手ぞうきん
・住宅用洗剤

なでるだけでキレイに

木製の桟(さん)は軍手ぞうきんでなでていきます。汚れがひどい場合は、左手に住宅用洗剤を吹きつけて拭き、右手で乾拭きを。

ふすま・幅木

アイテム
・軍手ぞうきん
・綿棒・エタノール

軍手ぞうきんを活用

壁と床の継ぎ目となる幅木は軍手ぞうきんでなぞり、ホコリを取ります。ひどい汚れは、エタノールをしみ込ませた綿棒で取りましょう。水分が多すぎるとホコリがダマになるので注意してください。面積の広いふすまは、軍手ぞうきんを装着した手のひら全体を使い、上から下へ向かって一定方向に拭きおろします。ホコリのたまりやすい下側は念入りに。

障子の桟

アイテム
・軍手ぞうきん
・綿棒

軍手ぞうきん+綿棒で

障子の桟は一段一段、端から端まで指先を移動させ、軍手ぞうきんにホコリを吸着させます。四隅は綿棒でもOK。

06 お掃除ツールが大活躍 家電・家具などのお掃除

4分 照明（シーリングライト）

定期的にはずして拭き掃除を

アイテム

- 軍手ぞうきん
- 消毒用エタノール
- 古Tシャツ

step 1 照明器具のカバーをはずす

安全のため、電源を切ってから天井の照明器具のカバーをはずし、新聞紙の上に。消毒用エタノールを軍手ぞうきんに吹きつけます。

step 2 内側から拭き掃除を

汚れやホコリがたまりやすいカバーの内側のくぼみはしっかりと手を入れて拭き、外側は拭きムラができないよう一定方向に拭きます。

step 3 古Tシャツで仕上げ磨き

カバーの表面が乾いたら、古Tシャツで一定方向に磨き上げます。

4分 ソファ

アイテム

・掃除機
・住宅用洗剤
・ストッキング
・ぞうきん
・歯ブラシ
・軍手ぞうきん
・液体せっけん

意外と汚れがたまりやすい

step 1

掃除機にストッキングを装着

ピアスなどを吸い込まないよう、掃除機のヘッド部分をはずしてストッキングをかぶせ、表面のホコリやゴミを吸い取ります。

step 2

後ろ側や床も掃除

掃除機からストッキングをはずし、ソファをずらして後ろ側や床も掃除します。落としたい汚れがあれば、歯ブラシに液体せっけんをつけ、やさしくこすります。

step 3

すき間は軍手ぞうきんで

固くしぼったぞうきんで全体を拭きます。合皮のものは住宅用洗剤を使ってもOK。すき間のホコリやゴミは軍手ぞうきんで取ります。

1分 家具と家具のあいだ

アイテム ・スーパーストッキングハンガー

ササッと掃除！

スーパーストッキングハンガーを差し込み、家具と家具の間なら上から下に、家具と床の間なら左右に動かします。

1分 テレビ

アイテム ・軍手ぞうきん

表も裏も軍手ぞうきんで

乾いた軍手ぞうきんでモニターを上から下へ拭き、ホコリをはらいます。テレビの裏の細かい部分は指を使ってキレイに。

スーパーストッキングハンガーのつくり方

ストッキングハンガーよりもさらに強力！

針金ハンガーをひし形にするところまではストッキングハンガーと同じですが、そこに、まず古靴下をかぶせます。たわみが出ないよう引っぱりながら、持ち手部分までしっかり入れましょう。その後、ストッキングを上からかぶせ、最後にストッキングの余った部分をフックに巻きつけて結びます。古靴下を加えることで安定感が増し、より強力にホコリやゴミを吸着できるようになります。

エアコン掃除のコツ

エアコンの上部はストッキングハンガーで

ホコリがたまりやすく、手が届かないエアコンの上部の掃除には、ストッキングハンガーが大活躍！　幅に合わせてストッキングハンガーをフック形に曲げ、エアコンの上部に引っかけてすべらせましょう。ホコリは静電気に集まりやすい性質があるため、ストッキングハンガーでサッと拭くだけで、簡単にホコリが取れます。

エアコン掃除でも軍手ぞうきんが大活躍！

ルーバー部分（送風口）の掃除には軍手ぞうきんを使用。親指とそのほかの指ではさみ、横にすべらせるだけでキレイになります。汚れが気になるときは住宅用洗剤を使いましょう。エアコンのホコリはこまめに取り、イヤなにおいを感じたときはフィルターを掃除。乾いた状態で先にホコリを落とし、水洗いをして乾かします。オフシーズンはカバーをかけるのもいいでしょう。

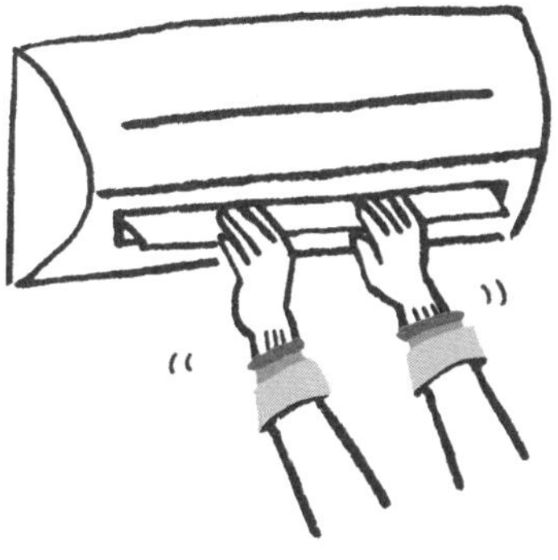

07 一度使ったらやめられない軍手ぞうきんでホコリを退治！

軍手ぞうきん

軍手ぞうきんは家中で大活躍！

寝室、リビング、キッチン、浴室、トイレと、軍手ぞうきんは家中で大活躍。家電や小物、掃除しにくい場所のホコリがラクに取れます。

Point 01

ぞうきんで拭きにくいところのホコリを退治

普通のぞうきんでは掃除がしにくい凹凸があるところ、たとえばテレビの裏などのホコリも、触るだけでキレイに取れます。

Point 02

扇風機、テレビなど家電の掃除に大活躍

家電のホコリが気になったときは、軍手ぞうきんでひと拭き！　それだけでホコリが取れ、気持ちよく使えるようになります。

Point 03

「あまり触りたくない」と思ってしまう場所の掃除にも

素手ではあまり触りたくないトイレや換気扇の汚れ。軍手ぞうきんを使えば、ラクにしっかりとキレイにすることができます。

軍手ぞうきんで 掃除できるところ一覧

- テレビ
- 時計
- 観葉植物
- 階段
- 障子の桟
- ふすま
- 洗面所の棚
- 炊飯ジャー
- エアコンの送風口
- エアコンの外まわり
- 室内のコード
- スイッチカバー
- トイレのシャワー式ノズル
- 便座
- 便座とふたのすき間
- トイレットペーパーホルダー
- 照明（シーリングライト）
- 室内のドアの取っ手
- リモコン
- キッチンのゴミ箱
- サニタリーボックス

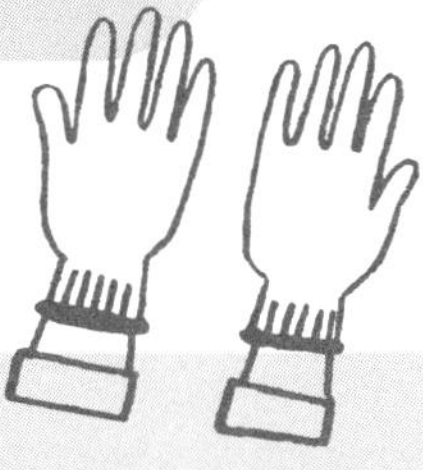

軍手ぞうきんなら、ほとんどの家電、小物のホコリがラクに取れます。ほかにも手アカがつきやすい場所（ドアの取っ手など）や階段、便座まわりでも活躍。汚れが気になるときは、消毒用エタノールや住宅用洗剤を軍手ぞうきんに吹きつけ、拭き掃除を。

10分で
部屋を片づけるコツ

掃除 応急処置！

部屋が散らかっているときに、友達から「今からお邪魔していい？」という連絡。うれしい半面、ドキッとすることも。そんなとき、ちょっとした工夫をするだけで、片づいているように見せることが可能！　お客さまが玄関までしか入らないなら、靴をしまってサッとはき掃除をすればOK。家に上がるなら、リビングを手早く片づけ、トイレが汚くないかをチェックして。

空き箱、袋にとにかく入れる

大きめの紙袋やおしゃれな空き箱、瓶などをとっておき、散らかりがちなものをポイポイ収納。本当に時間がないときはドサッと大袋に入れるだけでOKですが、カテゴリーごとに分けておくと、その後の片づけがラクになります。

COLUMN_02

ロゴやラベルの向きをそろえる

キッチンに置いてある雑貨や調味料などのロゴやラベルの位置があっちこっちを向いていると、散らかっている印象を与えます。まっすぐ正面に向きをそろえておくだけで、整頓できている印象に格上げされるはず。

大→小になるように積む

雑誌やDMなど、テーブルの上に置きっぱなしになりがちなものをドサッとまとめると、安定感がなく、なだれが起きることも！　下から上に向かって大→小となるように積み重ね、最後にトントンと整えましょう。

布をかけて応急措置

どうしても片づける時間がないときは、ごちゃごちゃしているものの上にスカーフやおしゃれな柄のふきんなどをかけて目隠し。ものの多さを隠してカバーするだけでスッキリして見えます。ソファや床の汚れが気になるときは大判の布が便利。おしゃれな布は万能選手です。

家の中を
よい香りにしよう

よい香りの部屋に

家の中をよい香りにするためには、いったんイヤなにおいをゼロにする必要があります。なんとなく家がにおうと感じるのは、空気の滞留が原因。こもった空気を外に出し、滞留をかき回すためにも換気は必須！　そのうえで自分の好きな香りをつけてみましょう。消毒用エタノールとアロマエッセンシャルオイルで簡単にアロマスプレーができるので、部屋ごとに香りを分けるのもおすすめです。

空気の通り道をつくって正しく換気

朝起きたら15〜30分は部屋に風を通しましょう。その際、窓は2か所以上開けて、風の通り道をつくります。窓がひとつしかない部屋では、窓とドアを開ければOK。

COLUMN_03

窓が開けられない部屋では扇風機を利用

何らかの事情で窓が開けられない部屋では、扇風機を使って空気の滞留をストップ！ ドアを開け、部屋の対角線上の2か所に扇風機を置くと、効率的に換気をすることができます。空気を循環させ、こもった空気やイヤなにおいを外に出しましょう。

手づくりアロマスプレーで香りをつける

市販の消毒用エタノール（エタノールの原液を使う場合は、9:1で水で希釈します）200mℓにアロマオイル20滴を混ぜたエタノールアロマは、部屋の消臭だけでなく、布団や枕、洗いにくい洋服などにも使え、除菌効果も。添加物が入っていないので、子どものものにも安心です。揮発性があるので、つくり置きはNG。

mini Column

気分に合わせて香りもチェンジ！

リラックスしたいときはラベンダー、元気がほしいときはベルガモットのオイルを使うなど、その時々で香りを変えてもOK！

01 キッチンのお掃除の基本
キッチンはいつもピカピカが理想

水アカ、油汚れはたまると面倒

油汚れがついたガス台、水アカでくもったシンク…。汚れがたまりやすいキッチンを、いつでもピカピカにしておくための方法をお伝えします。

Rule 01

頑固な汚れをゆるめる

汚れがたまりやすい五徳(ごとく)やグリルの網、三角コーナーなどは、重曹水や洗剤を混ぜた水につけ置きし、汚れをゆるめます。

Rule 02

においをもとからカット!

においのもとを探しましょう。ダストボックスや排水口だけでなく、ふきんやシンク下の収納や食器棚もチェック。換気もこまめに。

Rule 03

シンク、蛇口を輝かせる

シンク、蛇口は目につきやすく、水アカやキズもつきやすい場所。ここをピカピカに磨くと、キッチン全体が輝いて見えます。

キッチン掃除の基礎知識

ちょこちょこ掃除でキレイをキープ

皿洗いのついでにシンクを磨く、お鍋を片づけたついでにコンロを拭くなど、汚れが軽いうちにサッと掃除。頑固な汚れになる前に、ちょこちょこと掃除をしましょう。

ついでのひと拭きに使えるふきんを

ちょこちょこ掃除用に、ふきんを常備しましょう。汚れたら掃除をするという考えだと、汚れがたまって後悔することに。何かのついでにサッと拭けるふきんは強い味方です。

悪臭は重曹で対策

キッチンで大活躍するのが重曹。食器棚、キッチン下の収納などに、小皿に重曹を入れて置くと、脱臭・カビ対策になります。ダストボックスにもおすすめです（p54）。

02 汚れはできるだけゆるめて落とす 頑固な汚れはつけ置きで解決

つけ置き（重曹）

落ちにくい油汚れは、重曹＋お湯につけ置きして、汚れをゆるめる

油で汚れたガス台の五徳やグリルの網には重曹を使用。ビニール袋でつけ置きプールを作り、しっかり汚れを落としましょう。

step 1

シンクにビニール袋を貼り、お湯を入れます

五徳、グリルの網、鍋、換気扇のファンなど、頑固な油汚れがついたものをはずします。また、ビニール袋をシンクの中に入れてガムテープなどで固定し、少し熱めのお湯（40〜50℃）を入れます。

step 2

汚れを浮かすために、30分から1時間くらいつけよう

重曹とお湯が1：9になるように、ビニール袋の中のお湯に重曹を入れ、溶かします。そこに①ではずした小物をそれぞれ沈め、ゴミ袋の口をしばって密封。30分から1時間程度を目安につけ置きしたあと、マンゴーカットスポンジなどで磨き、汚れを落とします。

つけ置き（塩素系漂白剤）

ストレーナーや三角コーナーは、塩素系漂白剤でつけ置きを

step 1

漂白剤を直接スプレー

ぬめり、においが気になる三角コーナーやストレーナーのつけ置きには、塩素系漂白剤を使用。歯ブラシで固形物を取り除いてから漂白剤を直接、全体にスプレーし、食品用の透明なポリ袋やレジ袋に入れます。漂白剤は刺激が強いので、必ずゴム手袋を装着してください。

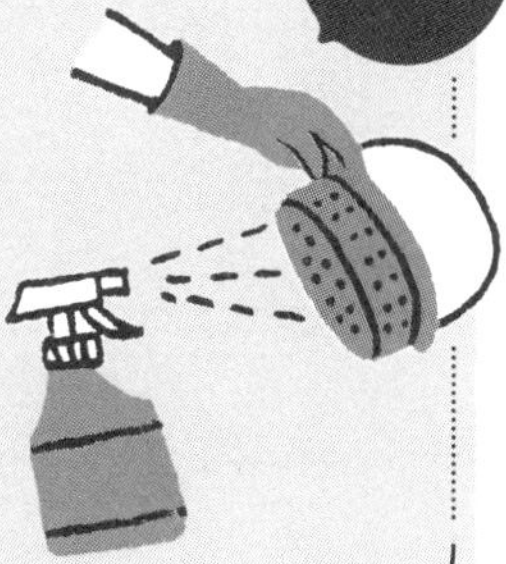

step 2

水を入れて、シェイクシェイク！

ストレーナーなどを入れたビニール袋に少し水を入れます（30mℓ程度）。袋の口をきつく縛ったら、袋ごと上下に15回ほど振りましょう。細かな汚れ、ぬめり、においが取れます。15～30分程度つけ置きし、水洗いをして終了！

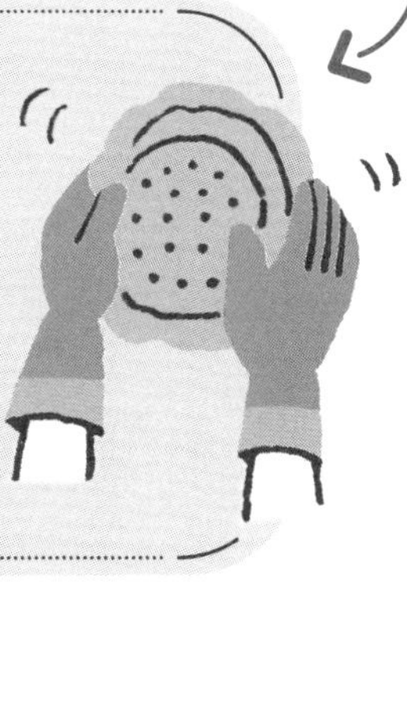

03 蛇口・シンク

キッチン掃除のスタート地点

4分 蛇口

アイテム

・ふきん
・食器用洗剤
・歯ブラシ
・三つ編み
ストッキング

キッチンの掃除は蛇口から

キッチンの掃除は蛇口·シンクからスタート。
次に冷蔵庫やガス台、コンロを掃除し、
最後に床と壁をキレイにすれば、
掃除で飛び散った水滴も拭き取れます。

step 1

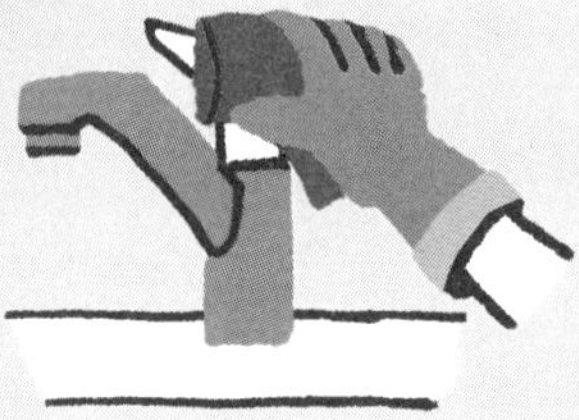

ふきんで大きな汚れを落とす

大きな汚れは、軽く絞って食器用洗剤をつけたやわらかい素材のふきんで落とし、蛇口の根元のきわなどの細かい汚れは、歯ブラシで落とします。

step 2

最後に仕上げ磨きを

水拭きで汚れと洗剤を取ったら、ふきんを替えて乾拭きをします。最後に、三つ編みストッキングを蛇口に引っかけて交互に引っぱり、仕上げ磨きを。

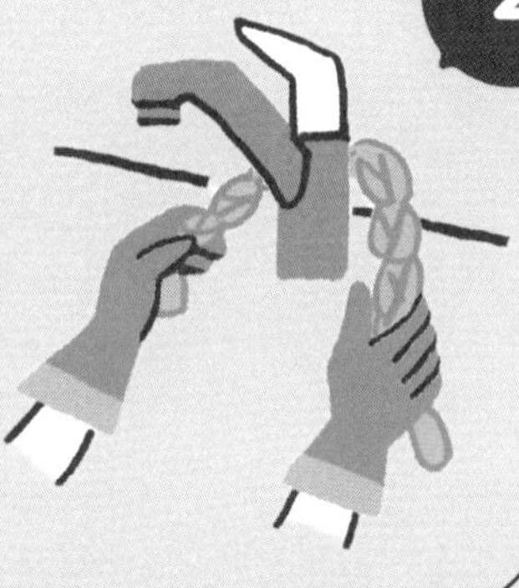

4分 シンク

アイテム
・スポンジ
・ぞうきん
・消毒用エタノール

キズと水滴を避けて輝かせる

step 1

ストレーナーを水洗いする

つけ置きしていたストレーナー（p45）をビニール袋からとり出し、流水で洗い流します。つけ置きしているので、改めて洗剤をつけなくても大丈夫。

step 2

スポンジで一定方向に磨く

スポンジのやわらかい面でヘアライン（髪の毛のように細い模様が入る仕上げ方）に沿って、シンクを一定方向に拭きます。

step 3

シンク下もしっかり除菌

収納しているものを出したあと、消毒用エタノールをスプレーしたぞうきんで拭き、包丁ストッカーも消毒。5～10分換気し、乾いてからものをしまいます。

04 ガス台・IH調理台

油汚れもラクに落とす

15分 ガス台

アイテム

- マンゴーカットスポンジ
- 食器用洗剤
- 歯ブラシ
- ボディタオル
- 重曹ペースト

重曹パワーで油汚れもラクラク！

ガス台の主な汚れのもとは、油。
油汚れを落とす力が強い重曹が、
ガス台の掃除に力を発揮します。

step 1 小物を洗剤などで磨く

つけ置きしていた小物(p44)を取り出し、マンゴーカットスポンジに食器用洗剤をつけて磨きます。重曹と水を6:4で混ぜた重曹ペーストを使ってもOK。

step 2 焦げつきはボディタオルで落とす

細かい焦げつきは固めのボディタオルで、固形の汚れは歯ブラシでこすり落とします。最後は流水でしっかりすすぎましょう。

4分 IH調理台

アイテム

・食品用ラップ
・スポンジ
・クリームクレンザー
・ふきん

研磨力があってキズがつきにくいラップを利用

step 1 丸めたラップを用意する

クリームクレンザーをスポンジに適量とります。次に食品用ラップを10㎝くらい切り取ってクシャッと丸め、そこにクレンザーを移し取ります。

step 2 最後にしっかり水拭きを

ラップで小さな円を描くようにくるくると磨いてから、固く絞ったふきんで水拭きします。クレンザーが残っていると白浮きしやすいので注意。

mini Column

余熱があるうちに汚れをキレイに

ガス台やIH調理台についた固形の汚れや油は、余熱があるうちにサッとひと拭き。それだけであとの掃除がラクになります。

05 冷蔵庫の外側・内側

外側も内側もピカピカ・清潔に

4分 冷蔵庫外側

アイテム
・消しゴム
・重曹水
・ふきん
・古Tシャツ

重曹水と消しゴムでピカピカに！

家族みんなが触る冷蔵庫は、
手アカや雑菌がつきやすい場所。
重点的に掃除して清潔に！

step 1

消しゴムは秘密兵器!

扉についた手アカや指紋を消しゴムで落としてから、重曹と水を1:9の割合で混ぜた重曹水を、ふきんを湿らす程度にスプレー。そのふきんで拭いたあと、固く絞ったふきんでしっかりと水拭きします。重曹水が残っていると白浮きしやすいので注意。なお、消しゴムを使えば、プラスチック製品や家電、陶器の汚れなども落とすことができます。

step 2

古Tシャツで乾拭きを

最後に古Tシャツなど、ケバの立たない布で一定方向に乾拭きをします。乾拭きをしっかりしておくと、日ごろの汚れに対する予防になります。鏡を磨き上げるようなつもりで、しっかりとピカピカにしましょう。

15分 冷蔵庫内側

布巻きスプーンを活用

アイテム
- ・ふきん
- ・消毒用エタノール
- ・布巻きスプーン

step 1

消毒用エタノールをふきんに吹きつけて拭く

中のものを全部出したあと、消臭効果もある消毒用エタノールをふきんに吹きつけ、隅や細かい部分もしっかり拭きます。

step 2

すき間汚れは布巻きスプーンで

ゴムパッキンのすき間の汚れは、消毒用エタノールをしみ込ませた布巻きスプーンを差し込んで落とします。

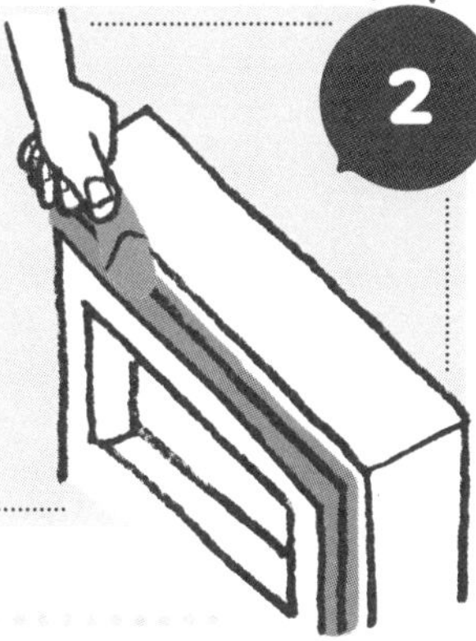

布巻きスプーンのつくり方

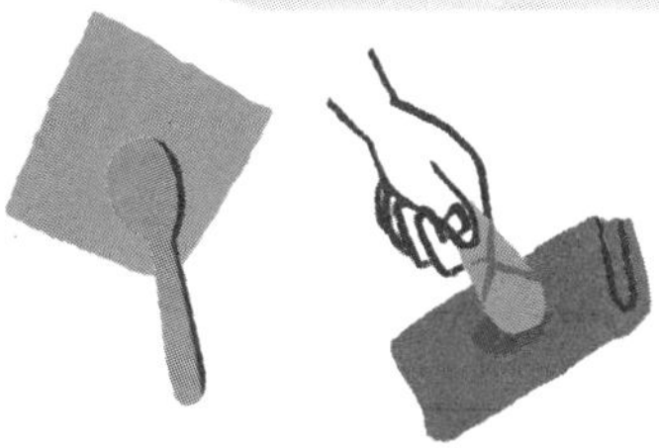

古Tシャツなどを10cm四方の大きさにカットし、さじ部分に巻きます。消毒用エタノールを別のふきんにスプレーし、スプーンを当ててしみ込ませます。

06 キッチン掃除の仕上げに キッチンの壁・床

4分 キッチンの壁

アイテム
・重曹水
・ふきん
・マンゴーカットスポンジ
・古Tシャツ

油や調味料、水滴などを拭き取り、キレイに

キッチンの壁や床は、シンクや冷蔵庫、ガス台などの掃除が終わったあとに。掃除で飛び散った水滴などもキレイにしましょう。

step 1

ふきんで壁を拭く

ふきんに重曹水をスプレーし、壁を上から下へ一定方向に拭きおろします。油や調味料の飛び散りが多いガス台近くの壁から始めるといいでしょう。

step 2

継ぎ目や目地もキレイに

重曹水をスプレーしたマンゴーカットスポンジで壁の継ぎ目や目地を掃除し、ふきんを替えて水拭きをしてから、古Tシャツを丸めたもので乾拭きします。

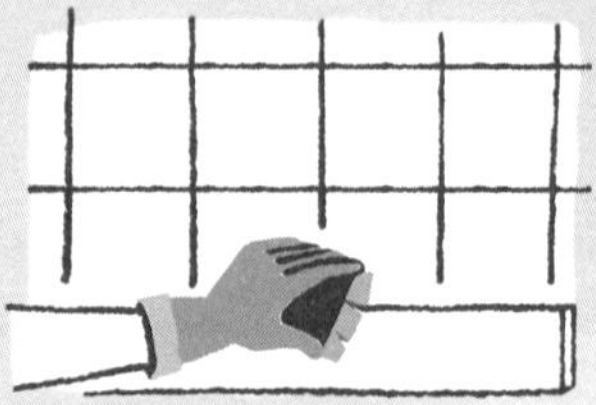

4分 キッチンの床

アイテム
・ぞうきん
・消毒用エタノール
・布巻きようじ

細かいゴミは布巻きようじでかき出す

step 1

ぞうきんで床を拭く

消毒用エタノールをぞうきんに吹きつけ、一定方向に拭きます。木目に沿って拭くと、拭きムラをつくりません。フローリングの溝のゴミは、布巻きようじでかき出します。

布巻きようじのつくり方

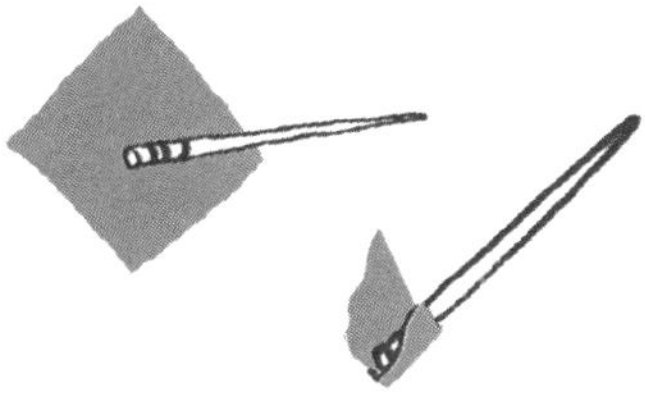

布巻きようじは、古Tシャツなど、ケバ立たない使い古した布を5㎝四方くらいにカットし、つまようじの先端に巻きつけたもの。布というワンクッションがあることで、フローリングの溝に入り込んだ細かいゴミなどを、床を傷つけずにかき出すことができます。

mini Column

リユース布は乾拭きや仕上げ磨きに便利

古Tシャツなどのリユース布は、使い古されているためケバ立たず、乾拭きや仕上げ磨きにピッタリです。

07 キッチンの小物類

4分 ダストボックス

アイテム

- 軍手ぞうきん
- 消毒用エタノール
- 新聞紙
- 粉末重曹

エタノールと重曹でしっかり殺菌・消毒を

step 1

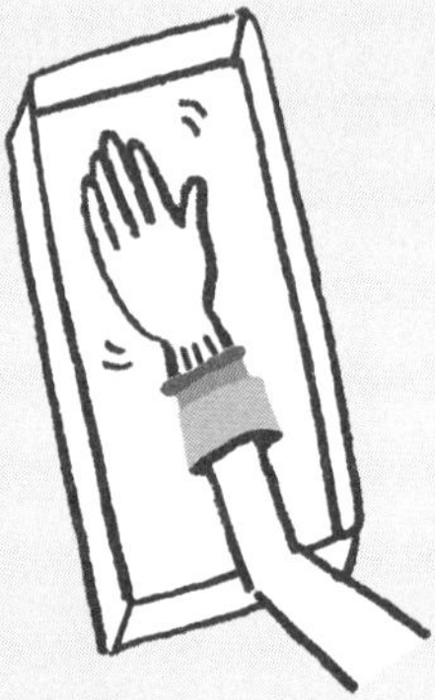

消臭・湿気対策に新聞紙を

軍手ぞうきんに消毒用エタノールを吹きつけ、ふた→外側→内側の順に拭き、新聞紙を底に敷きます。

重曹で悪臭をカット！

"かくれ重曹"は悪臭に効果的

においが気になる場合は、底に敷いた新聞紙の上に粉末重曹を振り入れ、その上にゴミ袋をセットします。それにより、新聞紙が湿気を、重曹が悪臭を防いでくれます。重曹と新聞紙は週に一度くらいの割合で、新しいものに交換しましょう。

1分 ホームベーカリー

アイテム
・スポンジ・重曹水
・ふきん・軍手ぞうきん

庫内は軍手ぞうきんで

外側は重曹水を吹きつけたスポンジで拭いてから、固く絞ったふきんで水拭きし、庫内は軍手ぞうきんで拭きます。

1分 ポット

アイテム
・軍手ぞうきん
・消毒用エタノール

取っ手も忘れずに

消毒用エタノールを吹きつけた軍手ぞうきんをはめて取っ手や表面を拭き、蒸気口などは指を使って拭きます。

4分 電子レンジ

アイテム
・重曹ペースト・スポンジ
・布巻きスプーン

布巻きスプーンを活用

スポンジにとった重曹ペーストを布巻きスプーンに移しとり、固形の汚れや飛び散った汁などをこそげ取ります。

1分 炊飯ジャー

アイテム
・ふきん・軍手ぞうきん
・消毒用エタノール

ふきん+軍手ぞうきんで

外側は消毒用エタノールを吹きつけたふきんで拭いてから乾拭き。内ぶたや蒸気口などは軍手ぞうきんで拭きます。

1分 抗菌まな板

アイテム
・重曹ペースト
・スポンジ

重曹ペーストでこする

中央にピンポン玉くらいの量の重曹ペーストをのせ、スポンジで伸ばしながらこすってから、流水で洗い流します。

重曹を
掃除に使うテク

重曹を常備

重曹は人体に無害な天然物質で、食品グレードのものは料理にも活用でき、子どもやペットまわりにも安心して使うことができます。弱アルカリ性だから、油汚れや皮脂汚れに効果的で、キッチンやお風呂の掃除に大活躍！　まさに魔法の粉のような存在です。粉のまま使っても、重曹水や重曹ペーストにしてもOK。日常生活で役立つ活用法をご紹介します。

粉のまま おすすめの使い方

洗えないぬいぐるみの掃除

ビニール袋にぬいぐるみを入れ、30ｇくらいの粉末重曹を入れます。袋をしばって上下に振ったら2～3時間放置し、袋から出して重曹をはらい落としましょう。重曹効果で汚れが中和され、悪臭のもとが分解されます。

COLUMN_04

生ゴミに直接ふりかけて

キッチンの悪臭やコバエの発生の原因にもなる生ゴミ。上から重曹をふりかけておくだけでイヤなにおいをシャットアウト！　除湿効果もあるので、水分も吸収してくれます。なお、夏場などは新聞紙に生ゴミを包んでおくとベター。

キッチンで活躍！　重曹水

スプレーボトルに入れて

キッチンのレンジフードや電子レンジの中など、油汚れが気になるところは、重曹と水を1:9の割合で混ぜた重曹水をスプレーしたぞうきんで拭いたあと、水拭きを。重曹が沈殿しているときは、使用前によく振りましょう。

頑固な油には重曹ペースト

重曹と水を6:4の割合で混ぜた重曹ペーストに食器用洗剤を混ぜ合わせると、さらにパワーアップ。コンロまわりの焦げつきや、電子レンジ内のこびりつき汚れなど、頑固な油汚れが気持ちいいくらいスルッと落ちます！

01 お風呂のカビ対策

ベアーズ式「湿布」でカビを退治

カビの掃除

カビの原因を徹底排除

バスルームの天敵·カビは、カビ取り洗剤で
根こそぎ除去して、再発生を防ぎましょう。
あとは、ちょこちょこ掃除でキレイをキープ！

Rule 01

カビ取り洗剤は強力なので、ゴム手袋をつけて作業

カビ取り洗剤は刺激が強いので、手についたり目に入ったりしないよう、必ずゴム手袋を装着して作業しましょう。

Rule 02

汚れやすいシャワーホース、お風呂のドアは「湿布」で対策

カビ取り洗剤をスプレーしたら、ラップやキッチンペーパーで湿布し、洗剤の成分を閉じ込めます。5～15分おくとキレイに。

Rule 03

シャンプーなどの小物類は、こまめに水気を取って

シャンプーなどの小物は、常に水で濡れているので、カビの温床になりがち。換気をよくする、水気を拭きとるなどの対策を。

カビ対策は、ベアーズ得意の「湿布」で！

ドアや壁、ホースのカビは、カビ取り洗剤＋ラップなどで
湿布し5～15分放置すると、キレイになくなります。
なお、時間は目安なので、カビの状況によって調整してください。

step 1

シャワーホースのカビをキレイに落とす

カビの生えている部分にラップを当て、カビ取り洗剤をスプレー。ラップを巻きつけ、5～15分置きます。時間がたったら、水で流して。

step 2

壁のカビ取り

カビの生えた部分に洗剤を直接スプレー。上からラップをピッタリと貼り、5～15分おき、流します。

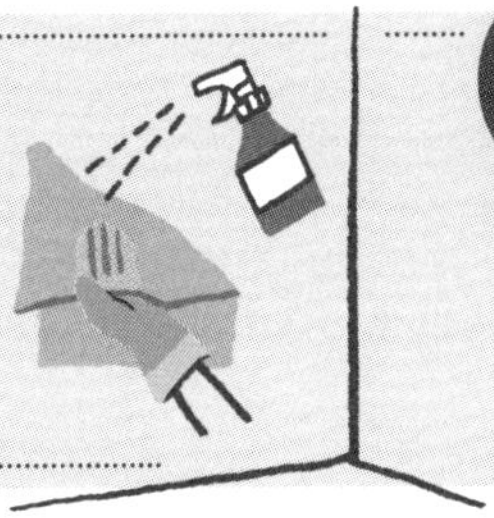

step 3

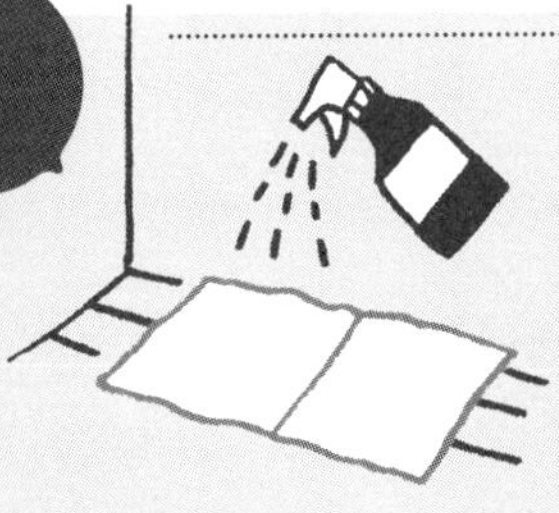

バスルームの桟

桟(さん)のすき間にフィットするようにキッチンペーパーを敷き、上からカビ取り洗剤を。5～15分おいたらペーパーで汚れを拭き取り、水拭きします。

02 お風呂の小物類

お風呂の小物もつけ置きで汚れをゆるめる

お風呂のつけ置き

浴槽と一緒に、桶やバスチェアなどもキレイに！

お湯が温かいうちに、浴槽にお風呂用洗剤を吹きつけ、同時に小物類のつけ置きをして、汚れをゆるめて。

step 1 喫水線を狙い撃ち

いちばん汚れる喫水線に沿って、お湯が温かいうちにお風呂用洗剤を吹きつけ、泡が立ったところに桶（おけ）などの小物を入れ、つけ置きします。

step 2 30分ほどそのままに

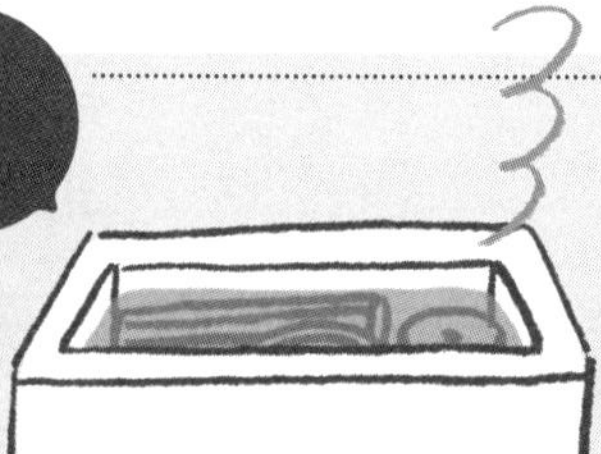

お風呂用おもちゃなど洗いにくいものも、お湯の中につけ込んで。30分ほどしたら取り出し、洗います。

step 3 最後はスポンジでこすり洗い

お湯を抜きながら、スポンジで軽く浴槽をこすります。力を入れなくても、皮脂汚れなどがキレイに落ちます。最後はシャワーで流して終わり！

お風呂の棚

お風呂の収納はカビ対策が大変

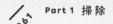

シャンプーボトルの底、ボディタオル…。
「すぐカビが生えて困る」という経験ありませんか？

Point

シャワーヘッドは、必ず上にかけましょう。ホースが床に触れるのを防ぐだけで、カビの発生が減ります。

Point

棚に直接置くと、ぬめりやカビが。こまめに拭くのは大変なので、水切りができるラックなどで収納するのがおすすめです。

Point

濡れたボディタオルをお風呂場に置いたままでは、カビ・雑菌が繁殖してしまいます。しっかり水気を切るのはもちろん、こまめに洗濯もしましょう。ときどきは日光に当てて殺菌するとよいでしょう。

03 お風呂をすみずみまでピカピカに 鏡・排水口・桶・浴槽

4分 鏡

アイテム ・ストッキングだんご ・クリームクレンザー ・古Tシャツ ・ぞうきん

step 1

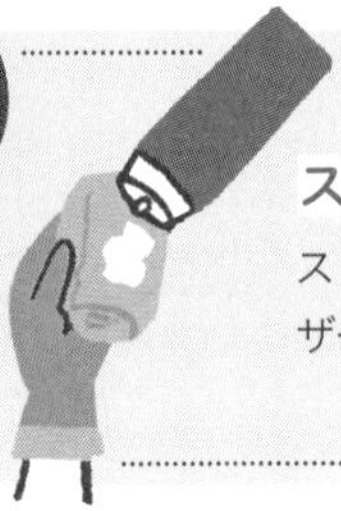

ストッキングだんごで磨く

ストッキングだんごにクリームクレンザーを適量たらして磨きます。

step 2

円を描くようにして

力を入れずクルクルと磨いたら、洗い流し、ぞうきんで乾拭き。古Tシャツなどで上から下へ仕上げ磨きをすると、一層キレイ。

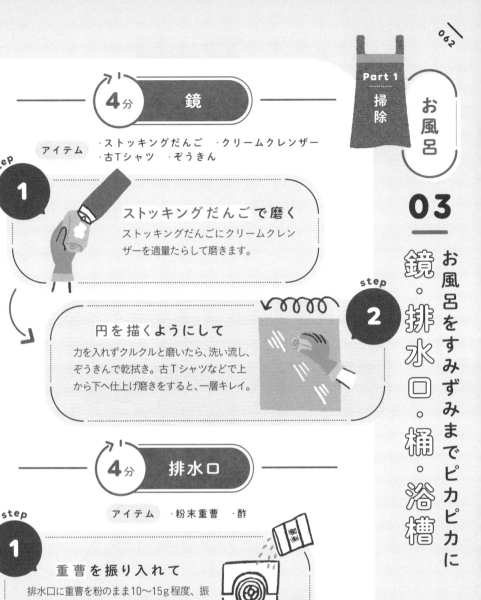

4分 排水口

アイテム ・粉末重曹 ・酢

step 1

重曹を振り入れて

排水口に重曹を粉のまま10～15g程度、振り入れます。粉の量は、だいたいでOK！

step 2

上から酢を

上から酢を適量注ぐと、重曹と酢が反応して、気泡が出ます。2～3分したら水で流します。

4分 桶など

アイテム ・キッチンペーパー ・酢水 ・食品用ラップ

step 1

酢水を吹きつけて

つけ置きした桶などを取り出し、洗い流します。汚れている部分にキッチンペーパーを巻き、酢4:水6の酢水をスプレーします。

step 2

ラップで湿布を

スプレーした箇所全体にラップを巻きつけ、酢の揮発を防ぎます。20〜30分たったらラップをはがし、水で洗い流してキレイに。

1分 浴槽

アイテム ・スポンジ ・お風呂用洗剤

step 1

軽くこするだけ

お湯が温かいうちに洗剤を吹きつけたら（p60）、あとはスポンジで磨くだけ。お湯を抜きながら浴槽の水アカを落とし、シャワーで洗い流します。

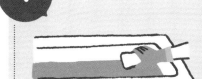

04 天井・換気扇

天井・換気扇の掃除も忘れずに

8分 天井

アイテム
・簡易モップ
・軍手ぞうきん
・クロスかぞうきん

天井もしっかりチェック

step 1

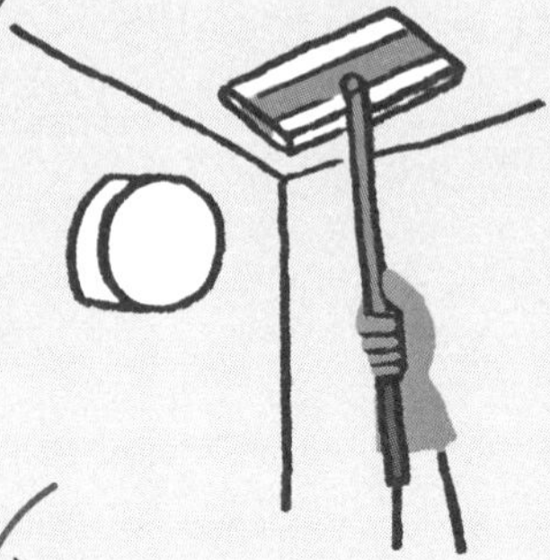

天井はモップで

床掃除用の簡易モップが活躍！ウエットタイプのクロスかぞうきんをつけて水拭きしたあと、乾いたクロスで乾拭きするとベスト。

step 2

換気扇の掃除

ふたをはずし、軍手ぞうきんでファンの汚れを拭き取ります。取りはずし可能なフィルターが入っている場合は、はずしてホコリをはらいましょう。換気扇の掃除は半年に一回程度でOK。

mini Column

天井のカビに気をつけて

半月に一回は天井のカビをチェック。カビが生えていたら、カビ取り洗剤と簡易モップでキレイに。

ユニットバスタイプの掃除

入浴後は浴槽や壁を洗い流そう

せっけんや皮脂汚れが飛び散った状態のまま放置せず、入浴後は全体を熱めのお湯で洗い流しましょう。その後、冷たい水をかけるだけで、カビや汚れをかなり抑えられます。

ユニットバスは湿気がこもりやすい

ユニットバスは入浴後の湿気がこもりやすいので、換気とカビに特に注意が必要。掃除のポイントを知っておきましょう。

歯ブラシなどの置きっぱなしを避ける

清潔に保ちたい歯ブラシや洗顔料などの小物を置きっぱなしにするのは避けたいところ。出入り口などに専用の置き場をつくり、使う際に持って入るスタイルにするとよいでしょう。

シャワーカーテン

シャワーカーテンはカビの温床になりがち。入浴後は①シャワーをかけて汚れを落とす、②クリップなどでまとめ、床につかないようにする、③乾燥させるため、できるだけ広げて置く、などの対策を。

換気扇は24時間回す

換気扇を24時間回しても、電気代は数百円。カビ・結露の発生を抑えるために、換気扇は回しっぱなしがおすすめです。ドアを開けて換気も重要。

01 湿布で汚れをゆるませる においをもとからカット

プレお掃除

汚れがたまっていたら

トイレ用洗剤とトイレットペーパーで
湿布をして、汚れをゆるめて。

アイテム

- トイレ用洗剤
- トイレットペーパー

step 1

トイレ用洗剤で湿布

トイレットペーパーを長めに切り、便器のふちに沿って敷き詰めましょう。上からトイレ用洗剤を全体にスプレーし、10分ほどおいておきます。

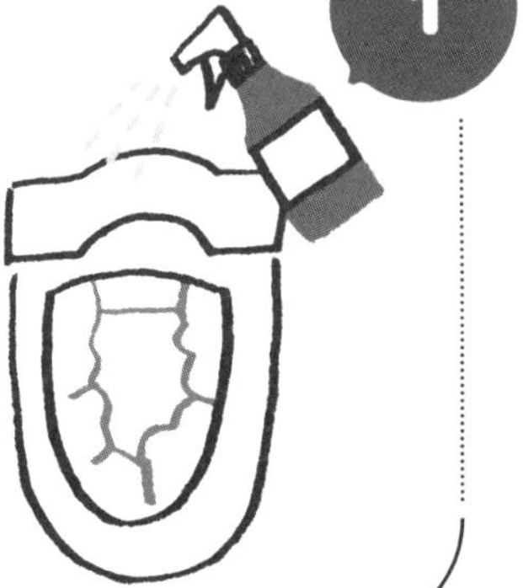

step 2

汚れをゆるませる

湿布をすることで、頑固な汚れもゆるんできます。トイレ用洗剤をかけすぎると、洗剤の重みで紙が流れてしまうので注意して。

mini Column

一日一回
サッとひと拭き

便器やトイレの床は一日一回、サッとひと拭き！ 汚れのこびりつきを防ぎ、掃除がラクになります。

Part 1 掃除

トイレ

02 トイレを徹底的にキレイに

重曹・軍手ぞうきんが大活躍

アイテム

・重曹ペースト
・スポンジ
・歯ブラシ

15分 トイレ全体

手順どおりに効率よく

湿布で便器の汚れをゆるませている間に、
トイレ全体をお掃除。
この手順だと効率よく終わります。

step 1

貯水タンクには重曹ペーストを

水受け部分に重曹と水を6:4で混ぜたペーストを置き、やわらかいスポンジでやさしく磨きましょう。

step 2

汚れやすい根元は歯ブラシで

吐水口の根元は水アカがたまりやすいので、重曹ペーストをつけた歯ブラシでこすりましょう。汚れを落としたら、水を含ませた別のスポンジで拭きます。

次のページへつづく

アイテム

- ぞうきん
- 三つ編みストッキング
- エタノールアロマ

step 3

蛇口をピカピカに

乾いたぞうきんで水受け部分を乾拭きしたら、三つ編みストッキングを左右に動かし、吐水口の蛇口をピカピカに磨きましょう。

step 4

壁に飛び散った汚れをぞうきんで拭く

エタノールアロマ（p41）はイヤなにおいを消してくれるうえ、殺菌効果も。ぞうきんにスプレーし、壁を上から下へ一定方向に拭いて、しっかり消臭・除菌をしましょう。

step 5

床・便器の手前

エタノールアロマをつけたぞうきんで、床を拭いていきます。特に便器の近くは汚れやすい場所なので、しっかりと。目に見えない尿の飛び散りは、イヤなにおいのもとです。次に、汚れがつきやすい便器の前側の汚れを拭きとり、しっかり除菌を。

アイテム

- 軍手ぞうきん
- エタノールアロマ

mini Column

布類の除菌・消臭はこまめに行う

トイレブラシ、スリッパ、マットなどは、こまめに日に当てましょう。便座カバーも、こまめに洗濯を。

step 6 軍手ぞうきんで小物類を掃除

軍手ぞうきんの両手にエタノールアロマを吹きつけ、ペーパーホルダー全体を拭きます。細かなところは指を使い、ホコリを取ります。

step 7 サニタリーボックスの掃除

サニタリーボックスの掃除も軍手ぞうきんで。凹凸が多いので、指でしっかりホコリ・汚れをとります。全体を触り、キレイにしましょう。

次のページへつづく

アイテム

・軍手ぞうきん
・トイレ用洗剤
・歯ブラシ
・エタノールアロマ
・トイレブラシ

step 8

ノズルも忘れずに

自動洗浄機能があればノズルを出し、軍手ぞうきんの右手にトイレ用洗剤をつけて拭き、左手で乾拭き。落ちない汚れは歯ブラシに洗剤をつけてこすり、乾拭きします。

step 9

タンクと便器の間なども

便器の細かい部分やすき間、凹凸部分もエタノールアロマを吹きつけた軍手ぞうきんで。細かな汚れやホコリがたまりやすいので、しっかりと拭きます。

step 10

ブラシの届かないふち裏を一気に

便器のふち裏は、トイレブラシが届かないため、軍手ぞうきんを使い、指で掃除をします。ぐるっと一周拭いたら、便器の中をブラシで軽くこすり、洗い流しましょう。

●本書へのご意見・ご感想をお聞かせください。

ご協力ありがとうございました。

郵 便 は が き

切手を
お貼りください

105-0003

（受取人）
東京都港区西新橋2-23-1
3東洋海事ビル
(株)アスコム

暮らしが本当にラクになる！
ベアーズ式家事事典

読者　係

本書をお買いあげ頂き、誠にありがとうございました。お手数ですが、今後の出版の参考のため各項目にご記入のうえ、弊社までご返送ください。

お名前	男・女	才
ご住所　〒		
Tel	E-mail	
この本の満足度は何％ですか？		％

今後、著者や新刊に関する情報、新企画へのアンケート、セミナーのご案内などを郵送またはｅメールにて送付させていただいてもよろしいでしょうか？
□はい　□いいえ

返送いただいた方の中から**抽選で5名**の方に
図書カード5000円分をプレゼントさせていただきます。

当選の発表はプレゼント商品の発送をもって代えさせていただきます。
※ご記入いただいた個人情報はプレゼントの発送以外に利用することはありません。
※本書へのご意見・ご感想およびその要旨に関しては、本書の広告などに文面を掲載させていただく場合がございます。

Part 1 掃除 外まわり

01 玄関は汚れと湿気の対策を

玄関で家の印象が決まる！

8分 玄関

アイテム

・新聞紙
・ほうき
・ぞうきん
・粉末重曹
・エタノールアロマ

「キレイな家」は玄関がキレイ！

ホコリ・砂など、外からの汚れが
入りやすい玄関。
湿気もたまるので対策しましょう。

step 1 新聞紙で玄関たたきを掃除

新聞紙を手のひらサイズにちぎって丸め、水につけて軽く絞ったら、たたき全体にまき、ほうきで集めます。濡れた新聞紙が細かなホコリを吸着。

step 2 靴箱はよく換気を

靴箱は、カビや雑菌が繁殖します。靴を出し、エタノールアロマをつけたぞうきんで棚を拭き掃除。重曹の粉末を入れた小皿を置くと、湿気・悪臭対策に。

5分 玄関扉＆外

手アカやホコリなどの汚れをしっかり落とす

アイテム

- ・軍手ぞうきん
- ・住宅用洗剤
- ・エタノールアロマ
- ・綿棒せんす
- ・ぞうきん

02 玄関扉＆外

step 1

取っ手を軍手ぞうきんで

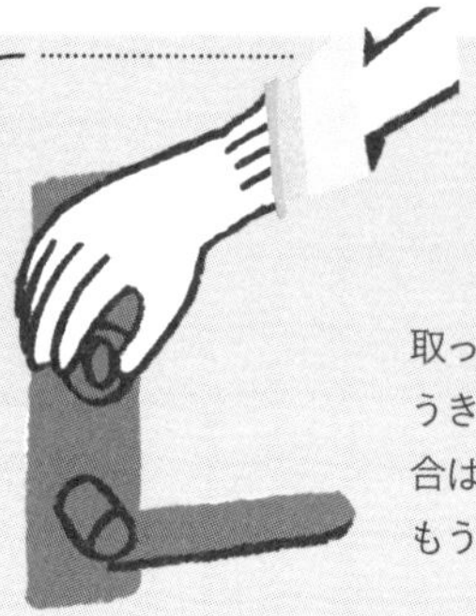

取っ手や鍵のシリンダーなどを軍手ぞうきんで拭きます。汚れが気になる場合は、片手に住宅用洗剤をつけて拭き、もう一方の手で乾拭きしましょう。

step 2

ドアガードは指をすべらせて

ドアガードなどの細いパーツと、ドアの表面をまとめて拭きます。指でホコリを落としていきましょう。

step 3

綿棒せんすで拭き掃除

インターホンのすき間はエタノールアロマを含ませた綿棒せんすで拭き掃除。その後、全体をぞうきんで乾拭きします。

ベランダ

泥や水汚れをキレイに

雨風にさらされ、泥や水汚れがつきやすい
ベランダは、タイミングを見てまとめて掃除を。

step 1 エアコン室外機の汚れ

エアコン室外機のフィルターにたまったホコリや砂は、ほうきではらいます。泥汚れは一定方向に水拭き→乾拭きで落としましょう。

step 2 ひどい汚れは重曹で落とす

ベランダや外まわりの床で汚れがひどい場所があれば、粉末の重曹を振りかけてブラシで磨き、重曹が残らないよう水で流します。手すりは水拭きして自然乾燥。溝にゴミがたまっていないかもチェック。

mini Column

ベランダ掃除は雨の日がおすすめ

特に排水口がない場合、雨の日にベランダ掃除をすれば、隣近所にあまり迷惑をかけずに済みます。

ベアーズ式
プロ時短術まとめ

Point 1

換気は、
立派なお掃除！
忙しい日は
換気だけでも心がけて。
お部屋の湿気が抜け、
カビ対策に！

Point 2

軍手ぞうきんで
部屋中のホコリを
ラクにお掃除！

Point 3

重曹を常備しましょう。
靴箱、ゴミ箱などの
臭い、湿気、油汚れ
ほか家中で
大活躍します！

Point 4

水まわりは
ちょこちょこ掃除で
汚れをためないこと。
短い時間で効率よく
キレイになります。

Point 5

お風呂の小物、
グッズは吊るして収納。
日常からカビ対策を。

Point 6

トイレの汚れにホコリ
がつくと面倒。
ついでにサッとふくと
ラクに！

Part 2

散らかってもすぐに片づく 収納

収納の最大のポイントは「使いやすさ」。
そのためにはまず「ものを適度な数に整える」ことから始めていきましょう。

まずは「適度な数に整える」ことから始めましょう

収納に関する悩みのほとんどは、「家の中にものがありすぎる」ことから生じているのではないかと思います。みなさんの中にも、「収納しきれないものが部屋にあふれ、落ち着かないし、掃除もしづらい」「収納にぎっちりものが入っていて、奥のものが取り出しにくい」といった悩みを抱えている方がいらっしゃるのではないでしょうか。

こうした悩みや問題を根本的に解決するためには、収納量を増やす便利グッズを探したり、効率的なしまい方を考えたりする前に、ものを減らすことが大事。「整理整頓」という言葉がありますが、まずは「整理」（ものをいるものといらないものに分け、適正な数に整えること）をしてから、「整頓」（ものを適正な場所に配置すること）をするべきなのです。

では、どうやってものを減らせばいいのか。具体的な方法は82〜83ページに記していますが、「わかってはいるけど、大事なものが多くてなかなか捨てられない」という方もおそらくたくさんいるでしょう。もちろん、大切に思うものを無理に捨てることはありません。自分の好き

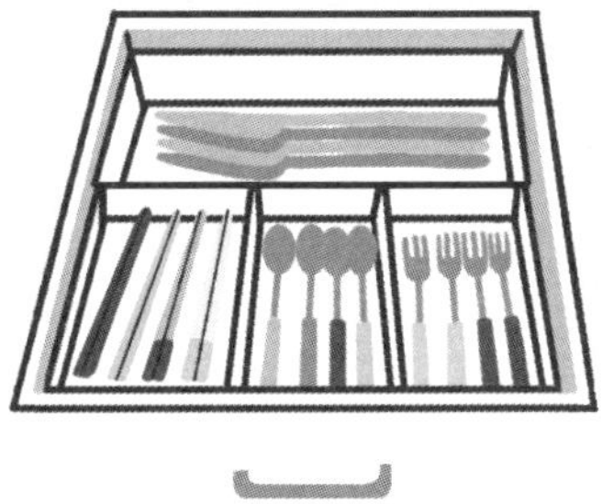

なもの、愛着のあるものに囲まれているのが幸せ、という場合には、無理して手放さなくてよいのです。ただし、あってもなくてもあまり自分の幸せに関与しないもので家の中があふれている場合には、やはり「整理」が必要です。

処分の見極めの指標となるのは、「心が動くかどうか」です。ものを一つずつ手にしてみてください(洋服なら、鏡の前で着てみるのもいいでしょう)。そのときに、「好きだな」「うれしいな」といった感情が生じたものは、残して収納する先を考えましょう。逆に、心が動かないもの、特にここ一年以上、一度も出番がなかったもの、この先も出番がなさそうなものは、迷わず処分してください。

また、しまい込んでいたものをあらためて出してみると、あちこちにシミが残っている服、すぐに足が痛くなる靴、型崩れしたバッグ、機能が古くなった家電など、二度と使えないことがわかり、あっさり処分する気になることもよくあります。

「ものを減らす」視点をもって、家の中のものの棚卸しをしてみましょう。

最も重要なのは「使いやすさ」

「整理」が終わったら、次に、ものを適切な場所に配置する「整頓」に進みましょう。

ものを収納する際に最も優先するべきことは「使いやすさ」であり、そのためには次の2つを考慮する必要があります。

①使う場所の近くにあること

②取り出すときも、片づけるときも、一度の動作でできること

たとえば、いつもリビングで縫い物をするなら、リビングに裁縫箱の収納場所を定めます。

家の中のものはすべて「住所」(置き場所)を決めて、それを家族と共有しましょう。「あれ、どこいったっけ?」と捜すことがなくなり、片づけにも迷いがなくなります。小さなお子さまがいらっしゃる場合は、それぞれの場所に、そこにしまうものの名前を記したラベルを貼り、認識しやすくするのもおすすめです。

また、使う場所が一か所であれば、ほとんどの場合、道具もひとつで足ります。しかし、文房具や調理器具、食器などは、気軽に買ったり人からもらったりすることが多く、気づけば同じようなものがたくさん転がっていたり、収納場所を圧迫して

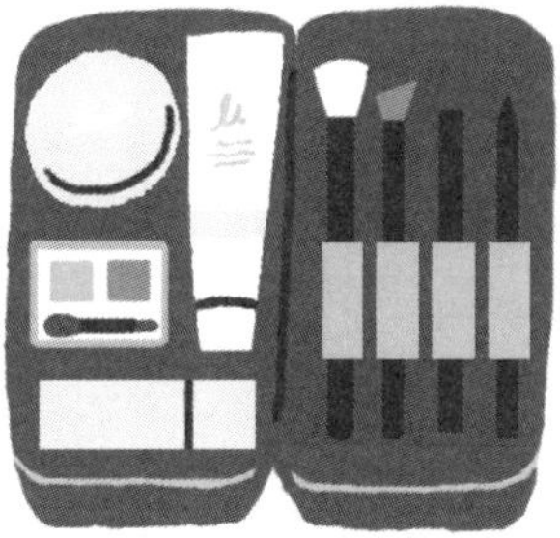

いたり…といったことが起こりがち。道具の数が必要以上になっていないか、あらためて確認してみましょう。

収納は取り出しやすく、片づけやすいことも重要です。取り出すのに邪魔になるものをどけて、それをまた戻して…となると、片づけることがおっくうになって、出したまま放置するようになります。それが積み重なると、室内がどんどん散らかっていくので、引き出しなら中を仕切って、ひとつのスペースに入れるものはひとつ、最大でも2つまでと決めましょう。上から見たときに、一目で何がどこにあるのか把握できるようにするのがポイントです。納戸なら、使う頻度が高いものを手前に置くなど、取り出しやすくするための工夫をしましょう。

収納スペースには、ついついギッシリとものを詰め込んでしまいがちですが、各スペースごとにできれば3割、最大でも4割ほどの余裕をキープし続けるのが理想です。そうすることでものが見渡せるようになり、取り出しやすさを保つことができるからです。

「テイスト」でまとめ、見た目をスッキリさせる

「ものはそれなりに収納に収まっているのに、なぜか部屋が散らかっているように見える」。

そんな悩みを抱えている人はいませんか?

このような場合、「テイストのばらつき」が原因であることが少なくありません。

テイストとは、デザインや素材、色のこと。並んでいる棚の色が黒、茶色、アイボリー…とバラバラだったり、マットな木の素材の家具と光沢のある化粧板の家具が混在していたりすると、室内はどうしても雑然とした印象になります。

違うテイストのインテリアを同じ空間に同居させると、雰囲気が統一されず、その空間に身を置いたほうも、なんとなく落ち着かない気持ちになってしまうのです。

その解決策としておすすめしたいのが、収納コーナーごとにインテリアのテーマを決めること。リビングの収納は「リゾートホテル風」、洗面所は「フレンチ」、トイレは「ナチュラル」、寝室は「モノトーン」といった具合に、空間ごとに雰囲気づくりの目安となるテーマを決めておくと、自然とデザインや色・

素材感が統一されます。もちろん、すべての空間のテイストを統一するのもいいでしょう。

テイストに迷う場合には、「とにかく全部白でそろえる」というのも一案です。収納アイテムの形や大きさや素材感が違っても、とりあえず白で統一すれば、見た目にスッキリとさせる効果は十分得られます。

また、書類の収納は白いファイルで統一する、クローゼットは帆布（ほんぷ）素材の収納でまとめる、といった「収納アイテムの一括統一ワザ」は、すぐにできるうえ、見た目をスッキリさせる効果も高いのでおすすめです。

もっとも、そのために高いお金をかける必要はありません。同じ色の布でカバーリングをしたり、スプレーやペンキで収納家具を塗り直したり、見た目の色だけ統一してもＯＫです。

最近では、百円均一ショップや量販店、ホームセンターなどで、いろいろな色・素材の収納家具やグッズが安く手に入るようになりました。こうしたショップを回りながら、一か所ずつコツコツと、テーマに合わせた収納コーナーをつくり上げていくことを楽しんでみましょう。

01 掃除もラクになる『ものを減らす』ことを考える

処分の見極め

減らさないと収まらない

「片づかない」最大の原因は、「ものが多い」から。収納しきれず外に出ているものの、1.5～2倍の量を減らすことから始めていきましょう。

Rule 01

部屋を撮影して
問題を「見える化」

室内を撮影することで、現状を客観視しましょう。取捨選択の見極めや収納の過不足など、現時点の課題を把握しやすくなります。

Rule 02

収納内のものは
一度、全部出す

一度、全部ものを出して、収納を空っぽにします。いるものだけを選別し、ゼロから使いやすい配置を考え直しましょう。

Rule 03

「心が動くもの」だけ残し、
それ以外は処分！

手にしたとき「心が動くかどうか」が取捨選択の目安。とくに感慨がわかず、一年以上出番がないものは、処分してもほぼ困りません。

ものを減らすための3ステップ

**ものの取捨選択を効率よく
進めるための、3つのステップを紹介。
まずは、場所を一つ決めて、そこから始めましょう。**

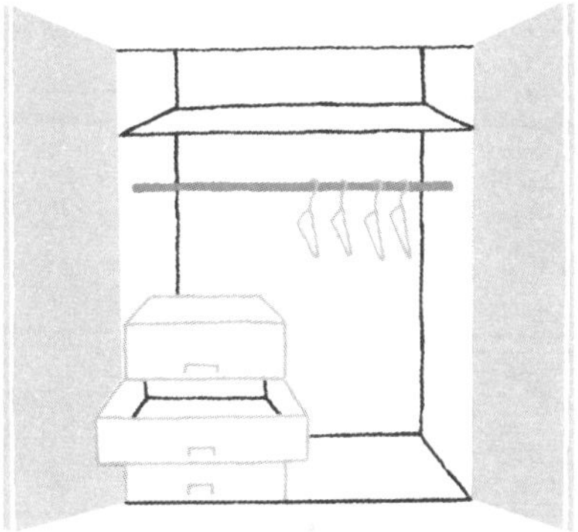

Step1

収納の中のものを出しながら、「夫のもの」「妻のもの」など家族ごとに分類。

Step2

所有者それぞれが、処分するか残すかを分別。判断がつかないものは「保留」に。

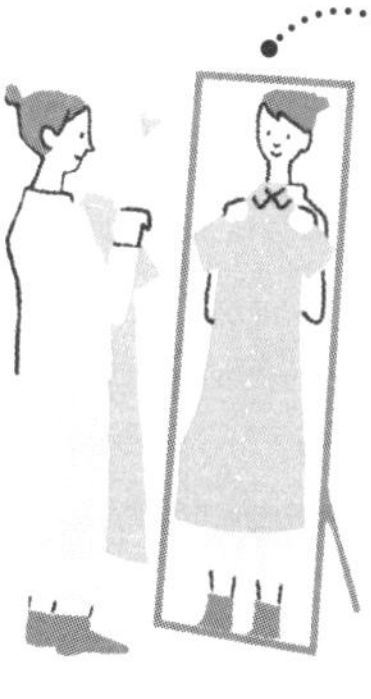

Step3

「保留」のものは身に着けてみたりしながら、「うれしい気持ちになるかどうか」を自問自答して。時間をかけてもOK！

アイテム別 減らすコツ

Point 1

保存数を決めて それ以上増やさない

増えてしまいやすい袋物は「レジ袋は5枚、紙袋は10枚」と保存する数を定め、それ以上は処分。

Point 2

食器は使い回せる デザインでそろえる

食器は「白のオーバル」など使い回しのきくシンプルなデザインでそろえると、必要枚数が最少に。

Point 3

思い出の品は 撮影して処分

子どもの描いた絵や旅行先のお土産などは、しばらく鑑賞したら撮影して画像で残し、現物は処分。

Point 4

家電のトリセツは データで保存

家電の取扱説明書は処分。必要なときはメーカーのHPを閲覧するか、PDFをダウンロードする。

Point 5

服はなるべく「制服化」する

身支度の時短にも!

普段着は合わせやすい白・紺のベーシックなデザインでそろえて制服化すると、必要数が最小限に。

Point 6

寝具は家族数以上持たない

かさばる寝具の数は家族数だけに。来客時は、レンタルするかソファを使うなど工夫すればOK。

Point 7

メイク道具はポーチひとつ分

メイク道具は、普段持ち歩く化粧ポーチに収まる量の、ベーシックなものだけに厳選する!

Point 8

イベントアイテムはミニサイズに

クリスマスツリーや雛(ひな)人形などは、テーブル上に収まるくらいのミニサイズにすると出し入れも気楽。

02 取り出しやすく片づけやすく最優先は「使いやすさ」

ベストな配置とは

ストレスレスな収納にするために

収めるものを厳選したら、それらが
取り出しやすく片づけやすい配置になるよう、
「使いやすさ」優先で収納を計画します。

Rule 01

すべてのものの住所を決めて家族で共有する

家の中のものはすべて収納する場所を定め、そこを「住所」として家族で共有。片づけ先に迷うことがなくなり、紛失予防にも。

Rule 02

一目で中身が全部見えるように配置。死角をつくらない!

引き出しを開けたとき、収納扉を開いたときに、何がどこにあるのか一目で見渡せるように配置。死角内の「死蔵品」を予防します。

Rule 03

ひとつの動作で取り出せて、片づけられること

前にあるものをどけたり、探したりすることなく、一度の動作でものが取り出せるよう計画しましょう。片づけやすさにも直結します。

家族で「使いやすさ」を考えよう

**「ものは使う場所にしまう」のが基本ルール。
家族で話し合い、みんなが使いやすい場所に
ものの「住所」を決めましょう。**

Point

ものの住所は、家族みんなが使いやすい場所を探して決めるのがコツ。

Point

収納場所にラベリングをすることで、家族が情報を共有しやすくなる。散らかし予防にも。

Point

ものを使う場所から動かずに取れる位置に住所を決めると、利便性がアップ！

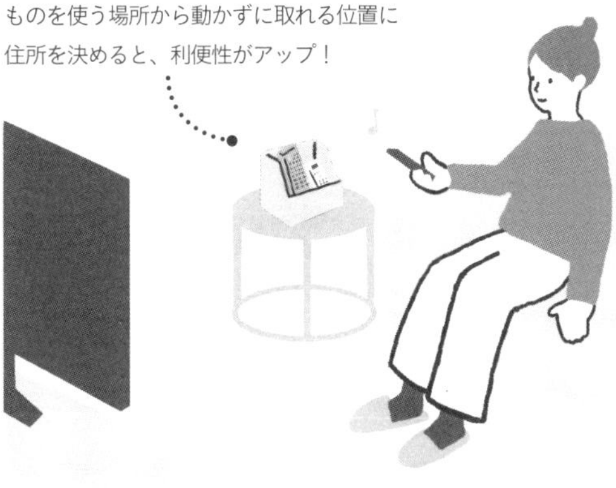

03

出番の頻度が目安 配置で使いやすさが決まる！

使用頻度でレイアウトを決めよう

出番の多いもの、ときどき必要なもの、年に数回だけ使うものに分け、頻度が高いものほど取り出しやすいところへ配置しましょう。

Point
出番の多い1軍の服や小物は、最も取り出しやすい中央に収納。スカーフやバッグ、Tシャツなども、吊り下げ収納に入れると取り出しやすい。

Point
上部は、年に数回しか出番のない3軍のものを、軽い布製ボックスに収納。取っ手があると取り出しやすくなる。

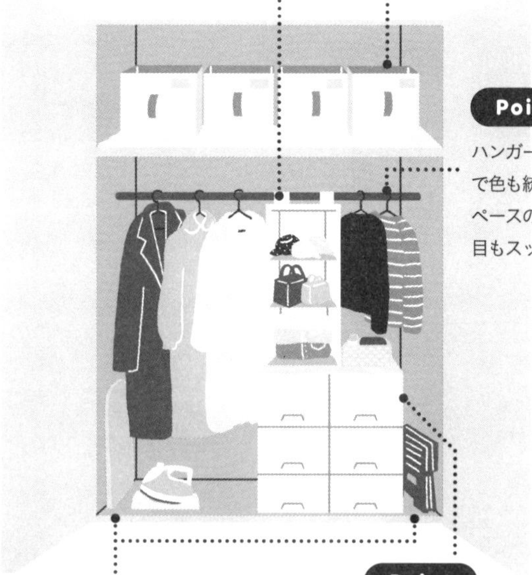

Point
ハンガーは薄いタイプで色も統一すると、スペースの節約に。見た目もスッキリ！

Point
足台やアイロンは、クローゼット内を住所にすると使い勝手アップ！

Point
2軍は、クローゼット下部の引き出し収納に配置。何が入っているか、ラベリングしよう。

服の収納のコツ

Point 1

引き出し内の服は「丸める」&「立てる」

引き出し内の服は、丸めるか、立てることで、収納量がアップする上、一目ですべてが見えるように。

Point 2

目的別にものをグルーピング

冠婚葬祭やスポーツクラブで使う服やタオルなど、使用目的があるものは1か所にまとめておく。

Point 3

正面からの見た目をスッキリ!

半透明の引き出し式収納の正面に、白い紙やボードで目隠し。クローゼット内の見た目がスッキリ。

Point 4

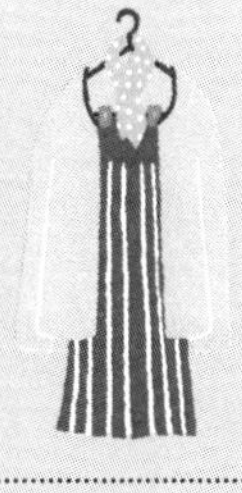

コーディネートでまとめて収納

トップスとボトム、小物をコーディネートごとにまとめて収納しておけば、外出準備の時短に！

04 ものに合わせてルールを決める リビング収納のポイント

多種多様なものが集合する空間だからこそのルール作りを

家族みんながものを共有するリビングは、
どこに何があってどこに片づければ
よいのかをしっかり共有しましょう。

Point 1

本は高さと手前をそろえるのがコツ

本は高さ別に並べ、棚の手前いっぱいに背表紙をそろえると、見た目が格段にスッキリ！　気に入ったカバーの本だけ正面に向けて、ディスプレイしても。

Point 2

子ども関連の書類はファイルにひとまとめ

手紙や宿題プリントなど学校関係の書類は、ファイルボックスにまとめれば持ち運びもできて便利！　ラベリングしておけば、家族との情報共有もスムーズに。

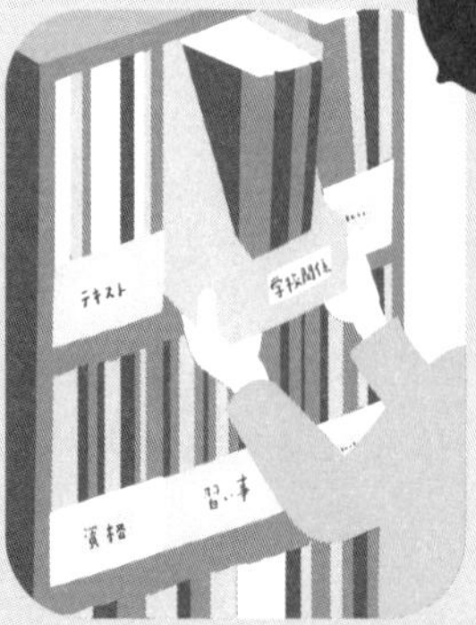

Point 3

おもちゃはカゴに放り込んで収納

子どものおもちゃは「ブロック」「ゲーム」など、大きめのカゴをジャンル別に用意。そこにただ放り込むだけにすれば、子どもも自分で片づけられる！

Point 4

リビング小物は細かく仕切った引き出しが便利

筆記用具や爪切りなどの細々した日用品は、細かく仕切った引き出しにひとまとめ。ひとつのコーナーには1～2アイテムだけ、と決めれば一目で見渡せるように。

ラベリングでものの住所を決めておくとgood!

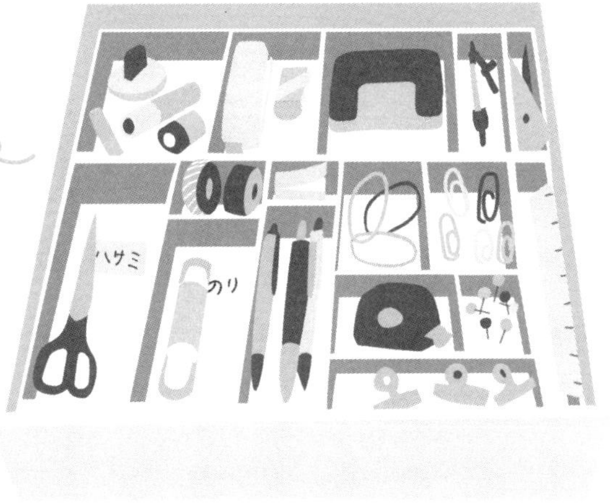

05 作業しやすい配置を考える

家事動線を最短に！

ものをしまう場所は
使う場所の近くに

「使うところのすぐそば」が、収納の大原則。
コンロ下には加熱に使うもの、流しの下には水仕事に
使うものを収納すると、家事動線の短縮になります。

Point

高い位置にある吊り戸棚には、安全のため紙コップや紙皿、弁当箱やタッパー、乾物のストックなど軽いものを収納。

Point

シンク下はボウルやザルなど水を使う道具や、まな板、包丁を収納。洗剤やスポンジのストックも、ここへ収納がベスト。

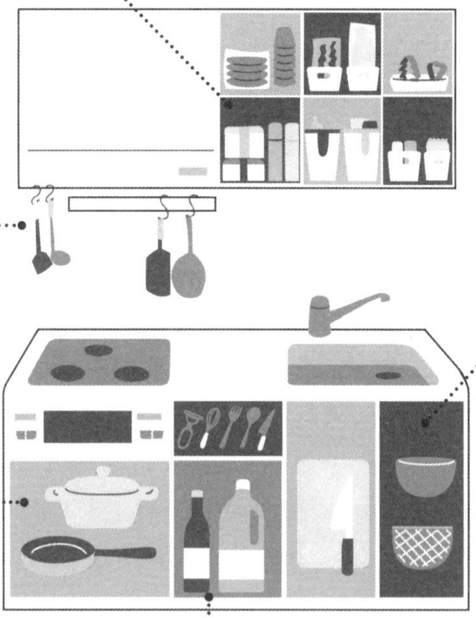

Point

毎日必ず使う1軍の調理道具は、レンジフードにS字フックで吊るしたり、バーを設置し定位置にしたりすると作業がスムーズに。

Point

コンロ下には鍋やフライパンなど、加熱に使う調理器具を配置。

Point

調理台下には重量のある食用油や調味料、上部の引き出しには皮むき器やお玉など頻繁に使う調理ツールを収納。

Point 1

取っ手付きの箱で吊り戸棚を使いやすく

吊り戸棚には紙皿やタッパーなど軽いものを収納。取っ手付き収納ボックスなら出し入れがスムーズ。

Point 2

ファイルボックスで「立てる収納」

引き出し式収納には、ファイルボックスを利用し、フライパンやふたを立てて収納。

Point 3

開き扉収納はスタンドを活用！

開き扉収納はスタンドで「立てる収納」を。出番が多いものは手前、そうじゃないものは奥に収納。

Point 4

引き出しは一目で全部見えるように

引き出しは仕切りスペース1か所につき2アイテムまでにすると、見やすさと取り出しやすさがアップ！

カトラリー

箸もスプーンも家族数以上持たない

カトラリーは、4人家族なら箸は4膳までと、家族数以上持たない。仕切りをした引き出しに、全部が見えるよう収納。

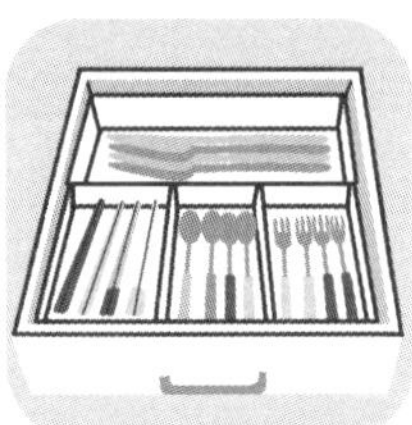

食器棚

上部の空きスペースが使いやすさのカギ

食器棚は、奥のお皿もスムーズに取り出せるよう、上部の空き空間に余裕をもたせることがポイント。

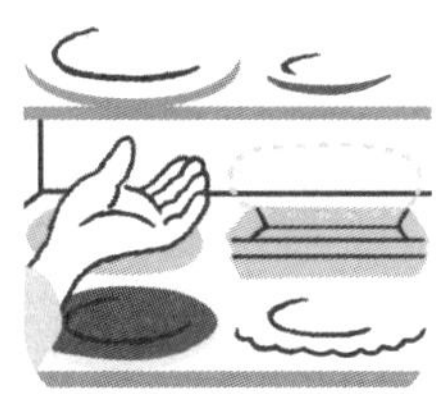

食品ストック

「何がどこにあるか」わかるように収納

常備している食品は、ラベリングしたボックスにまとめる。缶詰はラベルを上にして入れれば一目で在庫が把握できる。

ワイングラス

ファイルボックス収納で、地震がきても安心

倒れやすく割れやすい脚付グラスは、緩衝材で軽くくるんでファイルボックスに入れれば、地震がきても倒れない！

鍋のふた

専用ラックで
固定の住所をつくる

倒れやすく場所ふさぎになる鍋のふたは、専用ラックをコンロ下収納扉の内側に設置。取り出しやすさもアップする。

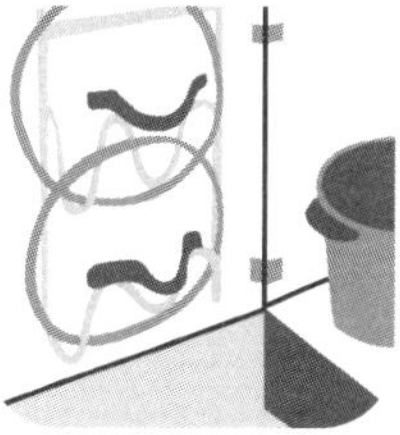

保存容器

本体とふたは別々に
分けて保存する

同じ種類の保存容器で統一し、本体とふたは分けてそれぞれ重ねて収納すれば、収納場所の節約に。

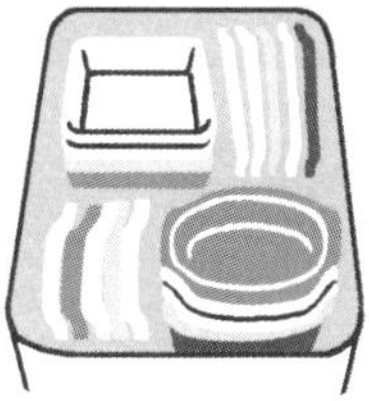

ゴミ箱

内側で分けて
2種類のゴミを分別

ゴミ箱の内側にフックをつけ袋を2つ下げれば、2種類の分別がひとつのゴミ箱でできる。ゴミ袋はゴミ箱の底に収納。

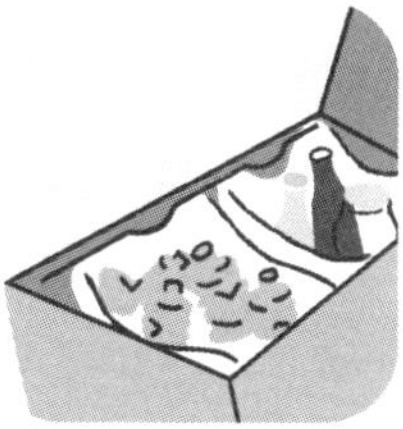

野菜室

紙袋で仕切りを
つくると汚れ防止に

野菜クズや泥などで汚れやすい野菜室は、紙袋などで仕切りをつくる。汚れや使い忘れ予防にも役立つので、一石二鳥。

06 掃除もラクになる「浮かす収納」でカビ予防！

接着面を最小限にして風通しをよくしましょう

バスルーム収納の最優先事項は、カビ予防。
床との接着面をなくす「吊るす収納」で、
清潔を保ちやすくなります。

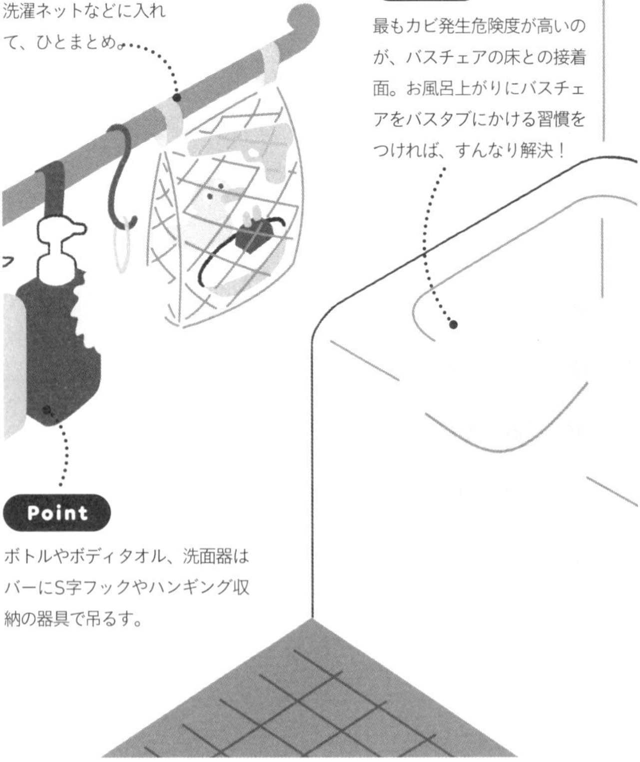

Point
子どものおもちゃは、洗濯ネットなどに入れて、ひとまとめ。

Point
最もカビ発生危険度が高いのが、バスチェアの床との接着面。お風呂上がりにバスチェアをバスタブにかける習慣をつければ、すんなり解決！

Point
ボトルやボディタオル、洗面器はバーにS字フックやハンギング収納の器具で吊るす。

Point 1

タオルは
クルッと
丸めて立てる
収納に

洗面所にタオル専用の超薄ラックを設置

洗面所にタオル収納スペースがない！ という場合は、壁面に奥行き5㎝の超薄型ラックをつけて解決。

Point 2

「浮かせる収納」を収納扉の裏につくる

収納扉の裏側にフックを取りつけて歯ブラシ類を、マグネットをつけて毛抜きなどの小物を収納。

Point 3

SOAP

突っ張り棒+トレーで収納力アップ！

洗面所下は排水管を避けて奥と手前に突っ張り棒をつけ、その上にトレーを設置すれば収納力が倍に。

Point 4

家族それぞれのお風呂セットをつくる

家族ごとに「マイお風呂セット」をカゴにまとめて収納。バスルームがボトルだらけになるのを防止！

07 外で使うものは玄関に収納

狭さはアイデアで解決！

ひとつの収納スペースを最大活用！

十分な収納がないことが多い玄関も、
少ないスペースを最大活用するアイデアで、
スッキリ片づいた空間に！

Point 1

玄関で全部そろえば準備がスムーズに！

鍵やマスク、エコバッグやハンカチなどをひとまとめにしたボックスを、玄関に設置。すべて玄関でそろうので、出かける前の準備が時短＆スムーズに！

Point 2

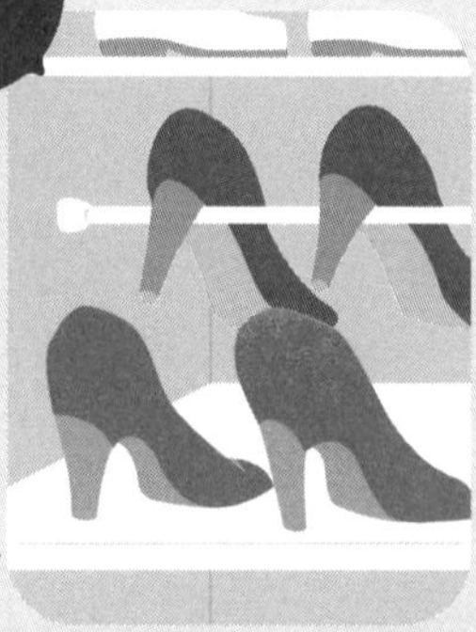

突っ張り棒1本で収納量が倍に！

靴箱の中に突っ張り棒を渡し、そこに靴のかかとを引っかけるように収めれば、靴の収納量が倍に！

Point 3

収納扉の裏側にスリッパ収納を設置

靴収納扉の裏側にタオルハンガーを取りつけ、スリッパを収納。取り出しやすく、邪魔にもならないので一石二鳥。扉の幅が狭い場合は、幅に合わせてハンガーを斜めに取りつければOK。靴磨きグッズや鍵、ペットのリードなどをしまう場所にしてもOK。

Point 4

玄関ドア横のバーを傘の定位置に

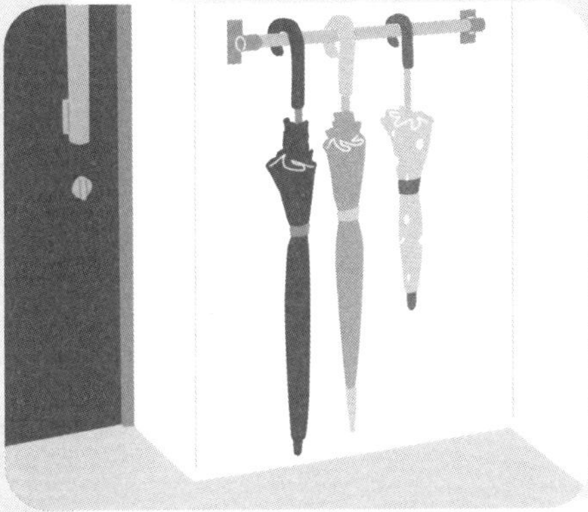

傘立ては掃除の邪魔になるし、カビ発生の心配も。そこで、玄関の壁面にバーを設置し、そこに傘を「掛けて収納」。掃除もしやすく、傘もすぐに乾燥するので、カビやサビの心配もなし！　手すり代わりにもなるので、バリアフリーなプチリフォームとしてもおすすめ。

mini Column

使ってない傘、履いてない靴を定期的に処分！

増え続ける傘や何年も履いていない靴で収納がいっぱい…とならないように、定期的な見直しを！

08 空間を最大活用する かさばる大物収納法

大きな空間を ムダなく活かすのがポイント

幅も奥行きもたっぷりある押し入れは
多種多様な収納グッズを使うことで、
使い勝手が格段にアップします。

Point 1

布団は「立てる収納」で省スペース化

かさばるふとんを収納するときは、専用ケースに収めればグンと省スペースに。縦に差し込む形で収納すると重なりもなくなって、取り出しやすさがアップ！

Point 2

筒状に丸めて布にくるめばクッションに

布団の収納場所が足りないときは、筒状に丸めてキレイな布にくるめば、大きめクッションに変身。リボンやタッセルで結び目を飾るのも楽しい！

Point 3

突っ張り棒でクローゼットに改造

押し入れの上段に突っ張り棒を設置して、クローゼットへとプチリフォーム。押し入れの扉をはずせば、出し入れもスムーズに。見た目が気になる場合は、カーテンを取りつけても。

Point 4

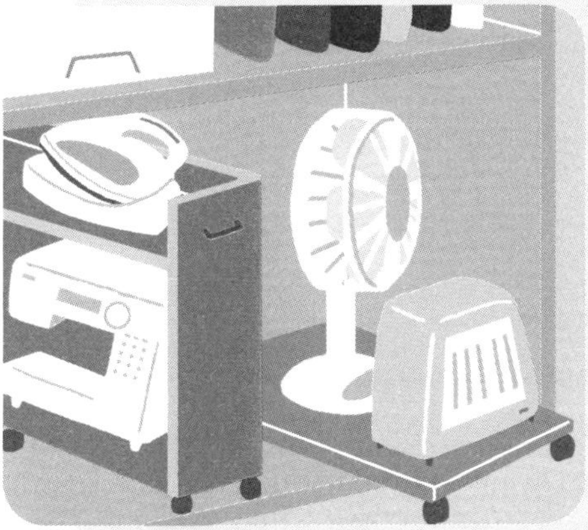

キャスター収納で奥行きを活かす

奥行きのある押し入れは、奥の空間までしっかり活用できるキャスターつき収納がベスト。家電などの大物もキャスターつきのキャリーにのせて収納すれば、出し入れがスムーズに。

mini Column

収納ケースのサイズ選び

収納ケースは、収納するものの高さに合わせて選ぶのがコツ。高さがありすぎると、そこがデッドスペースになるので注意。

保留ボックスのススメ

処分する気になれない
不用品の一時保管に

サイズが合わなくなったけどまだ着られる服や、読み終わった本など、この先出番はなさそうだけど処分する気持ちにまでなれないものたち。そんな死蔵品で収納をいっぱいにしない予防策が、「保留ボックス」。処分に迷うものをひとまずそこに入れ、定期的に見直しや再検討をすることが、無限にものが増えていくことの防止につながります。

「処分」の盲点!?

賞味期限&使用期限を
チェックしよう

非常食としてストックしている食料品や水、すでに使用期限が切れている薬品類などは、知らないうちに増えているもの。半年に一度くらいのペースで確認しましょう。また、使い切れないまま数年が経過したメイク用品やスキンケア製品、ハンドクリームがメイクボックスやポーチに眠っていることも。においや色が変わっていたり、成分が分離したりしていないかチェックして、見つけたら処分を。

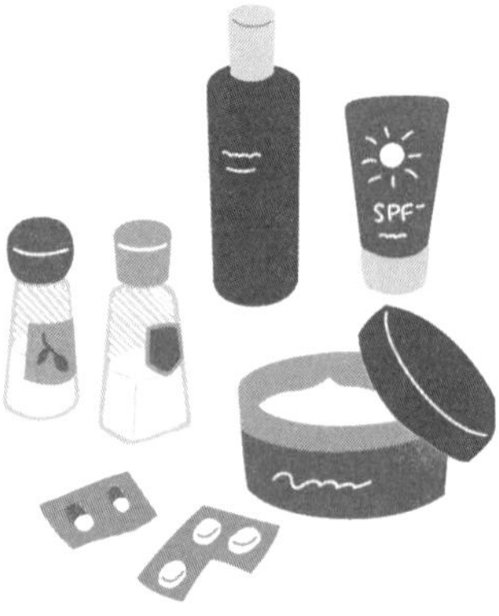

扉の隙間でカビ予防

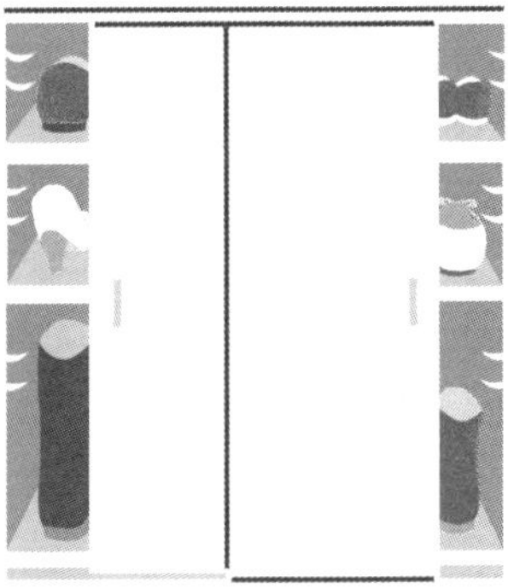

梅雨の時期は「ちょっぴり開ける」を習慣に

湿度の高い季節は、クローゼットや押し入れ、靴収納などを閉め切らずに、扉を開けてすき間をつくり、半日ほど風を通しましょう。カビやにおいの予防になります。除湿剤をこまめに交換したり、除湿機を収納の中で動かすのも効果的。除湿機が入らない場合には、扇風機で1〜2時間、風を送るとよいでしょう。

ものはスペースの8割まで

「取り出しやすく、しまいやすい」収納にするために

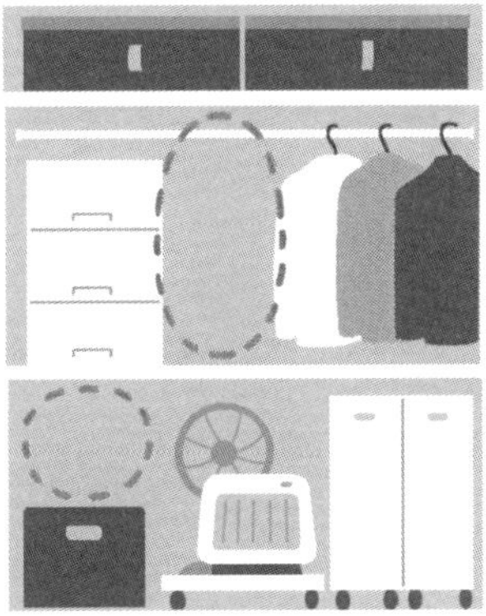

クローゼットや押し入れは、ついついそのスペースいっぱいまでものを詰め込んでしまいがち。そうなると、死角が増えてどこに何を入れたのか把握しずらくなるうえ、出し入れも困難になってしまいます。収納スペース全体に対して2割ほどの余裕を常にキープすることが、ものが見つかりやすく、出し入れもしやすい収納のポイントです。

収納グッズはおそろいに！

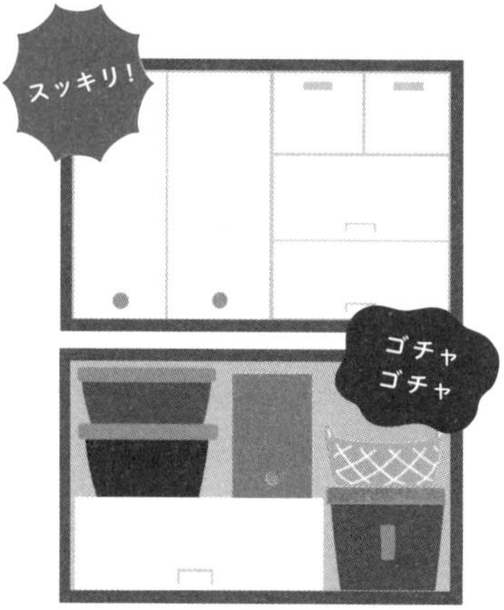

素材と色を統一すると見た目もスッキリ！

整理されたスッキリ感を出すのに、とても効果的で実践しやすいのが、収納アイテムの統一。同じ色と素材でそろえた収納ボックスが並んでいるのと、色も素材もバラバラの収納ボックスが並んでいるのを見比べれば、その違いは一目瞭然です。最近はホームセンターや百円均一ショップで安くて品質のよい収納アイテムが手に入るので、思いきって一新するのもおすすめです。

「購入」以外も検討する

ものを増やさない選択肢も考えてみよう

ものを購入する前に「レンタルはできないか？」「ほかに代替できるものが家の中にないか？」なども検討してみると、買わずに済むことがあります。収納だけでなく、経済的な節約にもなるので、「一度立ち止まって考える」ことを習慣にしましょう。また、購入することが決まっても、より小さいサイズのものを探してみるのも、収納スペースの節約に効果的です。

Part 3

料理

冷凍つくおき&
健康スープ

毎日、毎食、しっかりつくるのは大変です。
冷凍つくおきとベアーズ式スープで。
時短&「手間抜き」をしましょう。

冷凍つくおきは時間のない日の強い味方

「平日は忙しくて、料理をつくる時間がない」「もう一品あるとうれしいけど、メニューを考えてつくるのが大変」「今日は疲れて料理をする気力がわかない」…。

料理に関して、こうした悩みを抱えている人はいませんか？特に外食がままならず、おうち時間が増えた昨今では、料理の大変さは増すばかり。「メニューを考え、つくることに疲れた」という方は、おそらくたくさんいらっしゃると思います。

そこで、今回、ベアーズがご提案するのが「冷凍つくおき」とベアーズ式スープ。どちらも時間のない日や疲れた日の強い味方です。

まず、冷凍つくおきのメリットをご紹介しましょう。時間の余裕があるときにたくさんつくって冷凍しておけば、後日温めるだけで「自分でつくったおかず」を食べられます。材料も味もぜんぶ自分好みのおかずが、サッと出てくるのはうれしいものです。出来合いのもので済ませるのもいいのですが、やはり自分でつくったおかずは一味も二味も違いますよね。

そして、忙しい日の自分を、

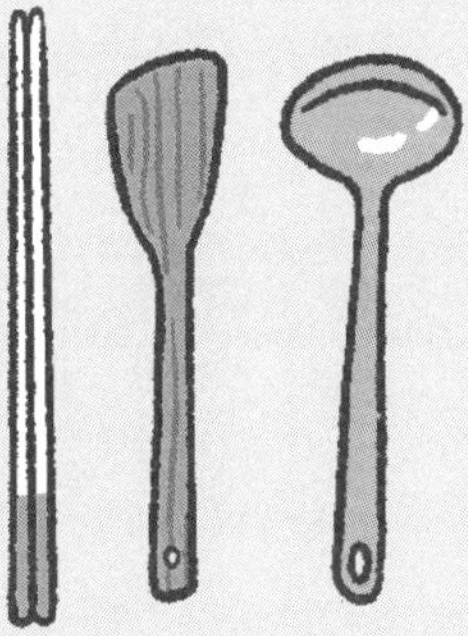

過去の自分が助けてくれるという点もうれしいもの。よくつくってくれた！　と自分で自分をほめたくなります。

サッと出して温めるだけなので、最強の時短といえるのではないでしょうか。

また、冷凍つくおきなら食品ロスが出ない点もいいところです。料理をしていると「今日食べる分にしては多すぎるから」と材料を少し残し、使いきるつもりが使い切れずということがありませんか？　そういうときは思い切って多くつくって冷凍。これなら食品ロスも出ません。

つくったはいいけど食べきれそうにないときも、即冷凍。時短、節約、食べ切れる、食品ロス解消…。冷凍つくおきには、これだけのメリットがあります。

今は便利な冷凍グッズがたくさん出ています。ネットショップで「冷凍　小分け容器」「冷凍　お弁当用　小分け」などで検索してみれば、色とりどりのさまざまなグッズが。一食分がポンと押すだけで取り出せたり、お弁当にそのまま入れて使えたりと、本当に便利なので、ぜひ活用してください。

さて、私たちベアーズでは、

ベアーズ式スープで時短&健康に

お伺いするご家庭の味つけになるよう調理をした料理を、冷蔵・冷凍など、さまざまな形でお渡ししています。ベアーズレディが帰ったあとの冷蔵庫は、おいしい「つくおき」でいっぱいなのです。

今回、ご紹介しているレシピは、そんな「つくおき自慢」が厳選したものばかり。意外と喜ばれるのが「ひじきの五目煮」や「筑前煮」の冷凍つくおき。和食はなんとなく冷凍しないもの、と考えている方もいらっしゃるかもしれませんが、そんなことはありません。日本の素朴なお惣菜（そうざい）こそ冷凍に向いています。ぜひお試しください。

本書を出版するにあたり、私たちベアーズレディは、どんなレシピが喜ばれるかを話し合いました。ベアーズレディは、年齢も家族構成もさまざまですが、その中でも特に、今回の書籍で紹介したい！　と熱くなったのが「ベアーズ式スープ」です。小さなお子さまがいらっしゃるご家庭でも、おひとりの方でも、どんな方にも喜んでいただけると考えたからです。スープは大きな鍋でドンとつくってしまい

ましょう。季節の野菜をたっぷり入れれば、「野菜はスープにおまかせ」と献立を考えるのがラクになります。どんな季節でも温かな汁物は心を癒やしてくれますし、一度つくってしまえば温めなおすだけと、時間がない方にもピッタリです。

また、今回のベアーズ式スープは、できるだけ自分でアレンジができるように、レシピをつくり込みすぎず、好きな具材を入れたりして、何度も楽しめるように考えてみました。

たとえば、豆乳とトマトを基本の味にし、ベーコンやアスパラガスを加えてみたり、余った野菜、使い切れなかった食材を足して、自分だけの味を探したりするのも楽しいものです。

朝、起きると、昨日つくった野菜スープがある。それだけでグッと気持ちがラクになりますよね。

もちろん、スープも「冷凍つくおき」に使えます。スープを冷凍するときは、氷水や保冷剤を使って早く粗熱を取りましょう。熱持ちのいいお鍋なら、バットやボウルに移して冷やすのも手です。粗熱が取れたら一食分ずつに分け、タッパーや冷凍

日々の料理をカンタンに、でもおいしく

用の保存袋に入れて冷凍保存しましょう。3〜4週間程度は保存が可能です。容器のふたを開け、電子レンジで2〜3分温めて半解凍し、お鍋で温める、耐熱容器に移してレンジで温めるなどすれば、いつでも温かくて栄養がとれるスープが食べられます。疲れて帰ってきた日や気力がわかないときに、おいしいスープが飲めれば、それだけでホッとするはずです。

　ぜひ冷凍つくおきとベアーズ式スープで「献立を考えること」「あと一品」の悩みを解決し、日々の暮らしをラクにしていただければと願っています。

　PART3の最後に、付録として、「あと一品」に役立つ、野菜ひとつでできる副菜もご紹介しています。にんじんだけ、白菜だけ、じゃがいもだけ、できるおいしい便利おかずたちです。こちらも時間がないときの強い味方です。野菜が少し余ってしまったときなどに、チャレンジしてみてください。

「加減」の基本

火加減

弱火　中火　強火

弱火は、火が鍋などの底に当たらないくらい。中火は、底に当たるか当たらないか。強火は、火が勢いよく底に当たっている状態です。

水加減

ひたひた　かぶるくらい　たっぷり

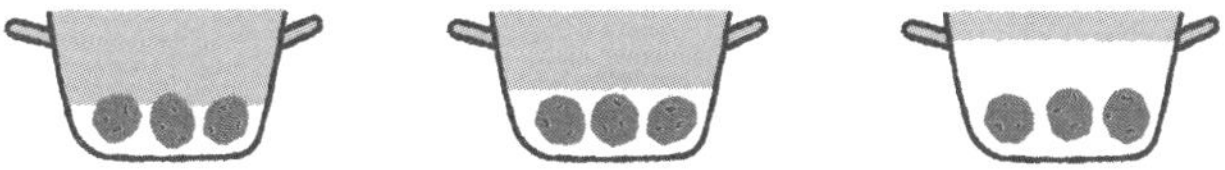

ひたひたは、お水から材料が少し出ているかいないか。かぶるくらいは、ちょうど水に沈んでいるくらい。たっぷりは、完全に沈んだ状態です。

はかり加減

少々　ひとつまみ　ひとかけ

親指と人さし指の先でつまむくらいが少々。小さじ1/8程度。親指、人さし指、中指でつまんだくらいの量がひとつまみ。ひとかけは親指の先くらいの大きさ。

01 暮らしがラクになる冷凍つくおき

たくさんつくって手間をカット

冷凍つくおき

賢く「手間抜き」を！

冷凍つくおきは、
暮らしをラクにする「手間抜き」。
時間のあるときにたくさん冷凍しましょう！

Rule 01

時間のあるときにたくさんつくって冷凍

和食も洋食もスープも、意外と多くの料理が冷凍できます。好きな料理を冷凍して時短に。

Rule 02

小分けにすると便利お弁当にも

小分けに冷凍しておけば、サッと取り出してお弁当にポンと入れるだけ。手間をかけずに喜ばれるお弁当ができます。

Rule 03

やる気のわかない日の自分を助ける！

毎日毎日、頑張るのはムリ。だからこそ、冷凍つくおきで元気のない自分をサポート。家事をラクにしましょう。

冷凍つくおきのやり方

冷凍保存の基本

バットで急速冷凍

小分けにして冷凍

冷凍のコツは、キッチンペーパーを敷いたバットに入れて急冷すること。熱伝導率が高いので、バットを使うと早く冷えます。冷えたら、冷凍用の容器に入れて冷凍します。

お弁当にも

カップに入れて

取り出すだけ

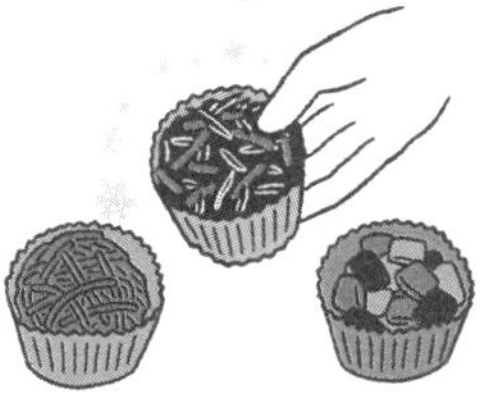

今は、お弁当用の冷凍グッズがたくさん。小分けにして冷凍しておけば、ポンとお弁当に入れるだけ。一食分に分けられるので、日常使いもラクです。お気に入りのグッズを見つけましょう。

汁気のあるものの冷凍

へこみをつける

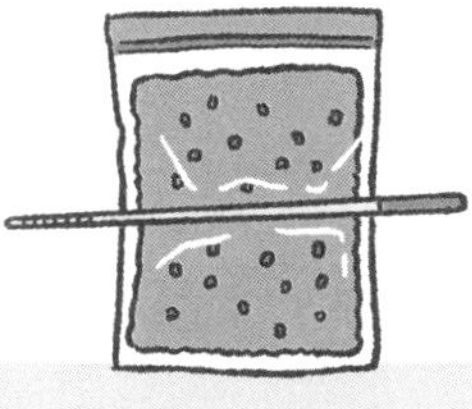

パキっと割れる

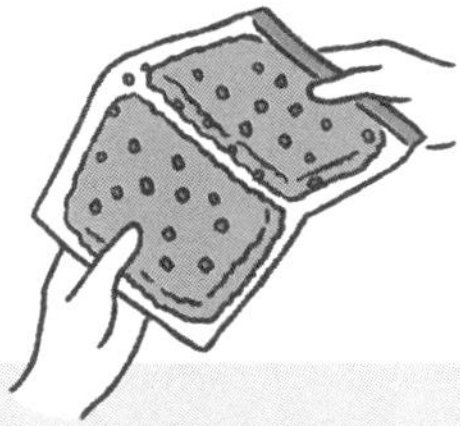

ミートソースなど汁気のあるものは、後日取り出しやすいように箸などでへこみをつけておきましょう。量を調節して取り出せるので便利です。

冷凍つくおきのやり方

冷凍便利グッズ

タッパー

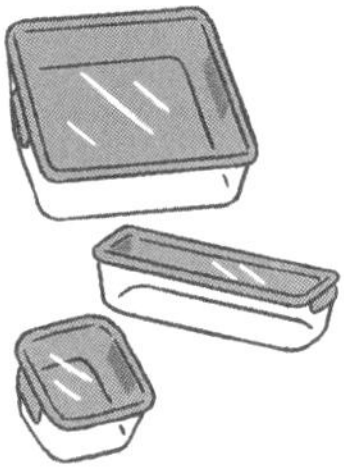

小分け用保存容器

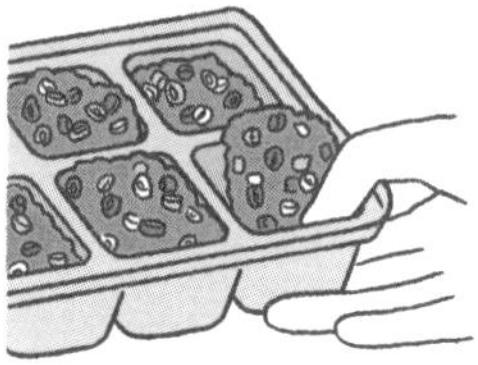

タッパーなどの冷凍グッズを上手に活用しましょう。特に便利なのが、小分け用の保存容器。収納しやすく、使いたい分だけをサッと取り出すことができるので、時短にもなります。

収納のコツ

平たく収納

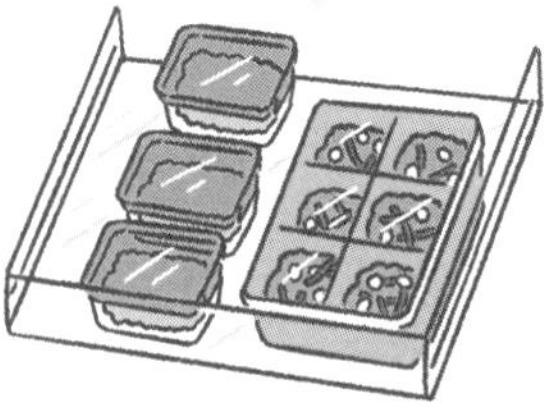

縦置き収納

中身を把握しやすく、かつ場所を取らないように収納するのがポイントです。冷凍用の保存袋は縦に入れて。たくさん並んだ様子は壮観です。

解凍のコツ

電子レンジで

タッパーの中には、ふたが電子レンジに対応していないものもあります。その場合は、まずふたを取り、ラップをふんわりかけて、2分ほど半解凍。それから、料理に合わせて、耐熱皿で温めなおしたり、お鍋で温めなおしたりしましょう。

こんな食材は冷凍に向かない

葉物

小松菜、ほうれん草など、生の状態での冷凍はNG。ベタッとした食感になります。

豆腐

冷凍すると、豆腐に多く含まれる水分が凍り、解凍したときにスポンジ状の食感に。なめらかさが失われるので基本NGですが、高野豆腐のような食感にしたいならOKです。

こんにゃく

水分が多く含まれており、冷凍・解凍すると水分が抜け、ゴム状になってしまうため、冷凍に向きません。

じゃがいも

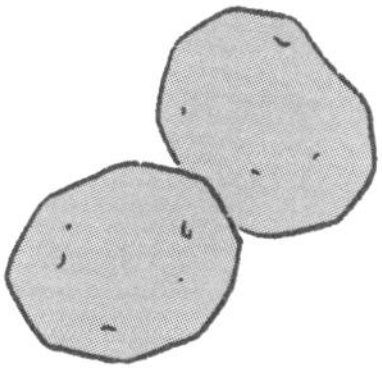

生のまま冷凍すると、脱水したようなスカスカな食感になるので向きません。マッシュにしてからならOKです。

牛乳やマヨネーズ

脂肪分と水分が分離し、風味も味も悪くなります。特にマヨネーズは、酢、油、卵が分離してしまい、元には戻りません。

生卵、ゆで卵

生卵の冷凍はNG。ゆで卵も白身がゴムのようになるので向きません。卵焼き（目玉焼きではなく）は、冷凍してもOK。

ごぼうなど、繊維が多い野菜

生のまま冷凍すると食感も味も落ちるので向きません。ゆでたり、炒めたりした後ならOKです。

Recipe 01

ひとくちハンバーグ

●材料（4人分）

A
- 合いびき肉 … 400g
- 玉ねぎ（みじん切り）… 1/2個分
- パン粉 … 1/2カップ
- 牛乳 … 50mℓ
- 卵 … 1個
- 塩、こしょう … 各少々
- ナツメグ（あれば）… 少々

サラダ油 … 適量
バター… 12g

B
- ウスターソース … 大さじ4
- トマトケチャップ … 大さじ2
- バター… 小さじ1
- 赤ワイン（あれば）… 25mℓ

POINT ● 温めるときは、ラップに包んだまま600wの電子レンジで1分加熱。裏返して1分30秒加熱。

●つくり方

1 ボウルに**A**を入れ、粘りが出てくるまで手でこねる。

2 **1**をひと口大に手に取り、両手でキャッチボールのように投げて空気を抜き、小判形に成形して真ん中にくぼみをつける。

3 フライパンにサラダ油とバターを熱して**2**を入れ、中火でこんがり焼き色がつくまで焼く。

4 ふたをして弱火にし、5分ほど蒸し焼きに。裏返して再びふたをし、さらに5分ほど焼いて器に取り出す。

5 **4**のフライパンに**B**を入れて中火で煮詰め、ハンバーグにかける。粗熱が取れたら1個ずつラップに包み、冷凍保存。

Recipe 02

カンタン！牛肉すき煮

●材料（4人分）

牛薄切り肉 … 400g
玉ねぎ … 1個
〈割りした〉
- 砂糖 … 大さじ3
- 酒 … 大さじ5
- みりん … 少々
- しょうゆ … 大さじ5
- 水 … 50mℓ

●つくり方

1 玉ねぎは薄めのくし形切り、牛肉は食べやすい大きさに切る。

2 割りしたの材料を合わせる。

3 割りしたと玉ねぎを鍋に入れ、強火にかける。煮立ったら牛肉を入れてひと煮立ちさせ、中火にしてアクを取り、粗熱が取れたら冷凍保存。

Recipe 03

手羽先のサッパリ煮

●材料（2人分）

鶏の手羽先 … 8～10本
サラダ油 … 大さじ1
A | 水 … 1カップ
酒、しょうゆ、酢 … 各大さじ3
砂糖 … 大さじ1
にんにく … 2かけ
長ネギ … 1/2本

●つくり方

1 にんにくは縦半分に切り、長ネギはぶつ切りにする。
2 フライパンにサラダ油とにんにくを入れ、弱火にかける。にんにくの香りが立ってきたら手羽先を入れ、焼き色がつくまで両面を焼く。
3 Aを加え、煮立ったら長ネギを入れて落としぶた（アルミ箔など）をし、肉に火が通るまで10分ほど煮る。完成後、粗熱が取れたらタッパーなどに入れて冷凍保存。

Recipe 04

鶏としいたけのうま煮

●材料（2人分）

鶏もも肉 … 1枚（約250g）
小麦粉 … 大さじ2
長ネギ … 1/2本
生しいたけ … 2～3枚
A | だし汁 … 300mℓ
しょうゆ … 大さじ1
薄口しょうゆ … 大さじ1
みりん … 大さじ1
砂糖 … 大さじ1

POINT ● だし汁は、お湯300mℓに和風だしの素（顆粒だし）小さじ2/3を溶かすと簡単にできる。また、薄口しょうゆがなければ、しょうゆ大さじ2にしてもOK。

●つくり方

1 長ネギを長さ3cmほどに切る。しいたけは軸を取り、半分に切る。鶏もも肉を一口大に切り小麦粉をまぶす。
2 鍋にAを入れ、火にかける。煮立ったら、鶏肉を重ならないように入れ、すき間にネギ、しいたけを加え、中火で約4分煮る。肉、長ネギ、しいたけをひっくり返し、さらに2分ほど煮る。ふたをして火を止め、余熱で中まで火を通す。
3 粗熱が取れたら、フリーザーパックなどに汁ごと入れ、粗熱が取れたら冷凍保存。

Recipe 05

お肉たっぷり ミートソース

● 材料（4人分）

合いびき肉 … 300g
玉ねぎ … 小1個
にんじん … 1/2本
セロリ … 1/2本
にんにく … 1かけ
トマトホール缶 … 1缶
塩、こしょう … 各少々
小麦粉 … 大さじ1
固形コンソメ … 1個
オリーブ油 … 小さじ1

● つくり方

1 玉ねぎ、にんじん、セロリ、にんにくはみじん切りにする。フライパンにオリーブ油を入れ、中火で5分ほど炒める。野菜をしっかり炒め、甘みやうまみを出す。
2 フライパンに合いびき肉を入れ、野菜と混ぜ合わせながら炒める。このとき、肉が細かくなりすぎないように混ぜると、ゴロッとしたお肉の食感が楽しめる仕上がりに。
3 肉全体の色が変わったら火を止め、塩、こしょう、小麦粉を入れて混ぜ合わせる。
4 2のフライパンにトマト缶を加えた後、缶に1/3程度の水を入れ、残ったトマトを洗い、フライパンに入れる。固形コンソメを入れ、中火で煮る。
5 ソースを時折混ぜ合わせながら10分ほど煮て、汁気を飛ばし、少しトロミが出てきたら火を止める。
6 ミートソースが冷めたら、フリーザーパックなどに入れ、冷凍する。

Recipe 06

ブロッコリーとベーコンのソテー

●材料（4人分）

ベーコン … 60g
ブロッコリー… 1/2個
にんにく … 1かけ
赤唐辛子 … 1本
オリーブ油 … 小さじ2
塩、こしょう … 各少々

POINT ● ブロッコリーは過熱しすぎるとやわらかくなり、形が崩れやすくなるので注意。

●つくり方

1 ブロッコリーは小房に分けて耐熱容器に入れ、ラップをし、600wの電子レンジで3分加熱。
2 ベーコンは短冊切り、赤唐辛子は輪切り、にんにくはみじん切りにする。
3 フライパンにオリーブ油、にんにく、赤唐辛子を入れて火にかける。香りが立ってきたらベーコン、ブロッコリーを加え、さらに炒める。
4 塩、こしょうで味を整え、粗熱が取れたら冷凍保存。

Recipe 07

ひじきと豆の五目煮

●材料（4人分）

乾燥ひじき … 30g
干ししいたけ … 2～3枚
にんじん … 1/2本
油揚げ … 1枚
大豆の水煮 … 1袋（100g）
A しょうゆ … 大さじ2
　砂糖、酒、みりん … 各大さじ1
　和風だしの素（顆粒）… 小さじ1
　水 … 80～100mℓ
ごま油 … 小さじ2
サラダ油 … 大さじ1

POINT ● 干ししいたけは砂糖をひとつまみ入れたお湯でもどすと、早くもどる。大豆の水煮は缶詰でもOK。

●つくり方

1 ひじきと干ししいたけは水でもどす。
2 干ししいたけは細切り、にんじんは短冊切り、油揚げは熱湯をかけて油抜きした後、水気を軽くしぼって短冊切りに。大豆は袋から出し、水気を切る。
3 鍋にサラダ油を熱し、ひじき、干ししいたけ、にんじんを入れて中火で炒める。全体に油が回ったら大豆と油揚げを加えてサッと炒め、**A**を加える。
4 弱火で7分ほど煮て、煮汁が少なくなってきたら全体を混ぜる。仕上げにごま油を回しかけ、なじませる。粗熱が取れたら冷凍保存。

Recipe 08

筑前煮

●材料（3〜4人分）

鶏もも肉 … 1枚（約250g）
干ししいたけ … 4枚
れんこん … 200g
にんじん … 1本
ごぼう … 1本
サラダ油 … 小さじ1
しょうゆ … 大さじ2
酒 … 大さじ2
みりん … 大さじ2

POINT ● 落としぶたをはずしたタイミングで、汁の味見をしてみましょう。煮詰めるので少し薄いかなくらいでよいですが、味が足りないと思ったら、しょうゆ、みりんを少々、控えめに足しても。

●つくり方

1 ひたひたの水で干ししいたけをもどす。もどし汁は取っておく。
2 もどした干ししいたけは3〜4等分に切る。れんこん、ごぼう、にんじんは食べやすいサイズに乱切りし、鶏肉はひと口大に切る。
3 鍋にサラダ油を入れ、鶏肉をサッと炒める。色が変わり始めたら野菜をすべて入れ、炒め合わせる。
4 全体に油が回ったところで、干ししいたけのもどし汁200mℓを入れ（足りなければ水で調整）、調味料をすべて入れて混ぜ合わせる。
5 落としぶたをして10分、ふたをはずして10分煮る。途中で2〜3回混ぜ合わせ、アクがあれば取り除く。汁気が減り、鍋底に少し残る程度になったら火を止める。
6 粗熱が取れたら冷凍保存。

Recipe 09

トマトのポン酢マリネ

●材料（2人分）

トマト … 小2個
ポン酢 … 大さじ1/2
おろしにんにく … 小さじ1/2
青じそ … 2枚
みょうが … 1/2個

POINT ● トマトは、形が崩れないよう、フライパンをゆすって炒める。食べるときは冷蔵庫で自然解凍を。

●つくり方

1 トマトはヘタを取って乱切りにし、青じそとみょうがはせん切りにする。
2 フライパンにトマトを入れ、中火で30秒ほど炒める。ポン酢、おろしにんにくを加え、30秒ほど煮立たせたら、ボウルに移す。ラップをし、冷蔵庫で10分以上冷やす。
3 冷えたトマトを取り出し、青じそ、みょうがと混ぜて容器に入れ、冷凍保存。

Recipe 10

魚の香草パン粉焼き

●材料（4人分）

たら（切り身）… 4切れ
塩、こしょう … 各少々
小麦粉 … 適量
溶き卵 … 適量
パン粉 … 2カップ
ドライバジル … 大さじ2
粉チーズ … 大さじ2
オリーブ油 … 適量

POINT● 食べるときは、ラップをせずに600wの電子レンジで1分50秒加熱。

●つくり方

1 たらの水分をキッチンペーパーで取り、塩、こしょうで下味をつける。
2 パン粉にドライバジル、粉チーズを混ぜる。
3 たらに小麦粉、溶き卵、**2**を順番につける。
4 フライパンにオリーブ油を引き、こんがりとした焼き色がつくまで中火で両面を焼く。
5 粗熱が取れたらバットを使い急冷し（p113）、容器に入れて冷凍保存。

Recipe 11

きのこのめんつゆチャーハン

●材料（2人分）

エリンギ … 小1本
しめじ、えのきだけ … 各1/8袋
にんにく … 1かけ
温かいご飯 … 茶碗1杯分
サラダ油 … 大さじ1
めんつゆ（3倍濃縮）… 大さじ1
塩、こしょう … 各適量
しょうゆ … 小さじ1/2

POINT● 食べるときは耐熱容器に移し、ラップをふんわりかけて電子レンジで温める。

●つくり方

1 にんにくはみじん切り、キノコ類はひと口大にし、サラダ油を引いたフライパンに入れて中火で炒める。
2 キノコに軽い焦げ目がつくまで炒め、ご飯を加え、木べらで切るようにしてほぐす。
3 めんつゆ、塩、こしょうを入れてさらに炒める。全体に味がなじんだら、鍋肌からしょうゆを回し入れ、サッと混ぜ合わせる。
4 粗熱が取れたらラップに包み、容器に入れて保存。

02 おいしくて栄養満点！ ベアーズ式 季節の健康スープ

スープ

野菜をしっかり摂れるスープ

多めにスープをつくっておけば、
あと一品、メインをつくるだけでもOK。
ベアーズ式スープに野菜はおまかせ。

Rule 01

季節の野菜を上手に取り入れよう

旬を迎えた野菜は、栄養価も高いうえ、お値段も手ごろ。トマト、カブ、春キャベツ、白菜、大根など、お好みの野菜を入れましょう。

Rule 02

忙しい日は野菜スープ！と割り切るのも手です

忙しい日は、家にある野菜をダダッと切って、お鍋に入れ、お水とコンソメを加えればOK。コトコトと煮込めば、ごちそうに。

Rule 03

野菜が苦手な人、お子さんでも、スープなら

野菜が苦手でも、スープなら食べられるというお子さまはたくさんいます。健康のために、どんどんスープをつくりましょう。

とってもおいしくて
アレンジも自由自在！

ベアーズ式
基本の野菜スープ

お肉の入っていない基本の野菜スープ。
玉ねぎ、キャベツ、にんじんのやさしい甘さが
ホッとさせてくれます。
またクセのない味なので、お肉を追加してカレーにしたり、
牛乳とあさりを入れてクラムチャウダーにしたり、
シチューにしたりと、アレンジができます。
トマト缶とベーコンを追加して、ひと煮立ちさせてもOK。
いろいろな味を試してみましょう。

●材料（4人分）
キャベツ … 4枚
にんじん … 1/2本
玉ねぎ … 中1個
水 … 800mℓ
固形コンソメ … 2個
塩、こしょう … 各少々

POINT ● 野菜は粗めのみじん切りにすると食べやすくなります。固形コンソメ1個に対し、お湯300～400mℓが目安。

●つくり方
1 野菜は粗めのみじん切りにする。
2 鍋に水、固形コンソメ、野菜を入れ、ふたをして8分ほど煮る。
3 味見をし、塩、こしょうで整え、弱火で10分ほど煮る。

春 Spring

トマトと豆乳のやさしいスープ

●材料（3〜4人分）

トマト … 中2〜3個
玉ねぎ … 1/2個
無調整豆乳 … 400mℓ
水 … 200mℓ
オリーブ油 … 小さじ1
固形コンソメ … 1個

POINT ● 豆乳を入れると吹きこぼれやすくなるので、入れてからは目を離さないで。お好みで塩、こしょうを加えてもOK。ベーコンやアスパラガスなど、好きな具材を入れてアレンジして。

●つくり方

1 トマトは乱切り、玉ねぎはみじん切りにする。
2 フライパンにオリーブ油を入れ、トマト、玉ねぎを炒める。
3 トマトがやわらかくなるまで炒め、水、固形コンソメを加えて煮る。
4 ふたをして中火にかけ、ふつふつとしてきたら弱火にし、10〜15分加熱する。
5 ふたを開け、豆乳を入れて中火で加熱し、再びふつふつとしてきたら火を止める。

夏 Summer

夏野菜のかつおだしスープ

●材料（3〜4人分）

だし汁 … 600mℓ
オクラ … 6本
玉ねぎ … 1/2個
ズッキーニ … 1/2本
パプリカ … 1個
しょうゆ … 小さじ2

POINT ● 夏らしく冷やして食べてもおいしい！

●つくり方

1 野菜は食べやすいサイズに切る。
2 だし汁は鍋で温め、玉ねぎ、ズッキーニ、パプリカを入れて弱火で煮る。
3 野菜に火が通ったら、オクラ、しょうゆを加え、オクラに火が通るまで、1〜2分弱火にかける。

秋 Autumn

まいたけとブロッコリーのクリームスープ

●材料（3〜4人分）

ベーコン … 5枚
まいたけ … 100g
ブロッコリー… 1個
玉ねぎ … 1/2個
バター… 10g
小麦粉 … 大さじ2
牛乳 … 300mℓ
水 … 300mℓ
固形コンソメ … 1個
塩、こしょう … 各少々

●つくり方

1 ブロッコリーは小房に分ける。茎は厚めに皮をむき、1cm角に切る。
2 ベーコンは短冊切り、玉ねぎはみじん切り、まいたけは小房に分けておく。
3 鍋にバターを入れ、ベーコン、玉ねぎ、まいたけ、ブロッコリーの茎を入れ炒める。玉ねぎがしんなりしたら、小麦粉を加え、粉っぽさがなくなるで炒める。
4 水、固形コンソメ、塩、こしょうを入れ、煮立ったら、さらに5分ほど煮る。
5 火を止め、ブロッコリー、牛乳を加え、少しトロミが出てくるまで弱火で10分ほど煮る。

冬 Winter

サバの水煮缶とショウガの味噌スープ

●材料（2人分）

サバの水煮缶 … 1缶
ショウガ（すりおろし）…
　1かけ分（チューブでも）
水 … 400mℓ
味噌 … 大さじ1

POINT ● サバ、ショウガの味がしっかりしているため、味噌の量を少し減らしています。足りなければ、お好みで増やしてもOK。

●つくり方

1 サバ（缶の水ごと）、ショウガのすりおろし、水を鍋に入れ、火にかける。
2 煮立ったら火を止め、味噌を加えてかき混ぜる。

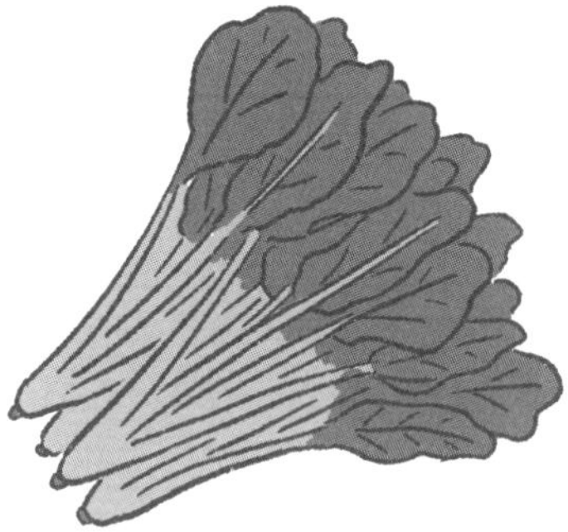

野菜ひとつでできる一品

葉物

定番のおひたし
（2人分）

水100mℓ、酒大さじ1/2、和風だしの素（顆粒）小さじ1/2、みりん・しょうゆ各25mℓを鍋に入れて火にかけ、煮立たせて、だし汁をつくる。別の鍋に湯をわかし、塩少々を加えて葉物（ほうれん草、小松菜など）を1把ゆで、冷水にさらして水気を絞り、5cmほどの長さに切る。だし汁と葉物をボウルに入れて混ぜ、30分以上おき、なじませる。

ごま和え
（2人分）

鍋に塩少々を入れた湯を沸かし、葉物を1把ゆでる。冷水にさらして水気を絞り、5cmほどの長さに切る。ボウルに練り白ごま・砂糖を各大さじ2、しょうゆ小さじ1、白のいりごまを適量入れて混ぜ、葉物を加えて和える。

COLUMN_07

野菜ひとつでできる一品

白菜

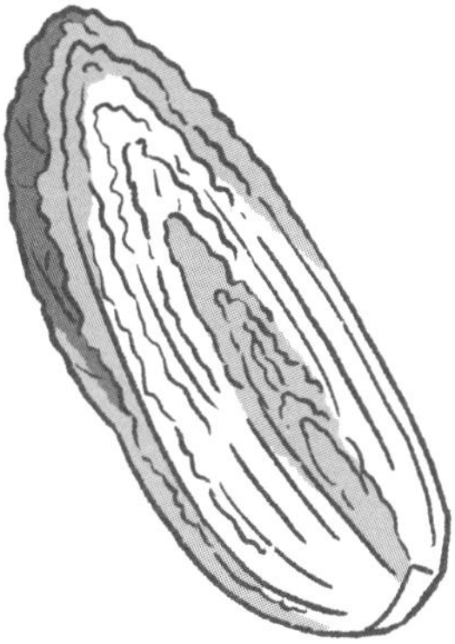

洋風煮込み
（２人分）

鍋に白菜1/8個を入れ、水300mℓと固形コンソメ１個を加え落としぶたをして煮る。12分ほど煮込み、火を止めてそのまま冷ます。

白菜ナムル
（２人分）

白菜３枚を１cm幅に切り、500wの電子レンジで３分加熱する。粗熱を取り、手で水分を絞る。ボウルにおろしにんにく（チューブ）約１cm、塩少々、鶏がらスープの素小さじ1/2、ごま油大さじ1、白ごま適量を入れて混ぜ、白菜を加えて和える。

野菜ひとつでできる一品

玉ねぎ

丸ごとスープ
（2人分）

玉ねぎ1個の皮をむき、根の部分を切り落とす。小鍋に水500mℓ、めんつゆ（3倍濃縮）大さじ2、和風だしの素（顆粒）小さじ1を加え、玉ねぎを入れる。落としぶたをし、弱火で30分ほど煮てから火を止め、そのまま冷ます。冷凍もおすすめ。

玉ねぎ味噌
（2人分）

玉ねぎ1個の皮をむき、薄切りにする。保存袋に味噌100g、玉ねぎを入れ、よくもむ。冷蔵庫に入れて一晩寝かせ、味噌をなじませてから使う。冷凍に向き、即席の味噌汁や炒め物に重宝する。

野菜ひとつでできる一品

にんじん

COLUMN_07

キャロットラペ
（2人分）

にんじん1本の皮をむき、長さ4cmほどのせん切りにする。鍋に入れ、オリーブ油大さじ1、水大さじ2、塩ひとつまみを加えてふたをし、強火で2分加熱。はちみつ大さじ2、ワインビネガーか酢大さじ1を加えて和え、容器に移して粗熱を取る。レモン汁大さじ1とレモンの薄切り1/8個分を加えて一晩おき、味をなじませる。

きんぴら
（2人分）

にんじん1本の皮をむき、長さ4cmほどのせん切りにする。鍋にサラダ油を熱し、赤唐辛子1/2本を炒める。唐辛子の色が変わったらにんじんを加え、中火で2分ほど炒める。酒大さじ2、砂糖大さじ1/2を加え、1分ほど混ぜながら炒める。最後にしょうゆ小さじ1/2を加え、汁気がなくなるまで炒めて完成。

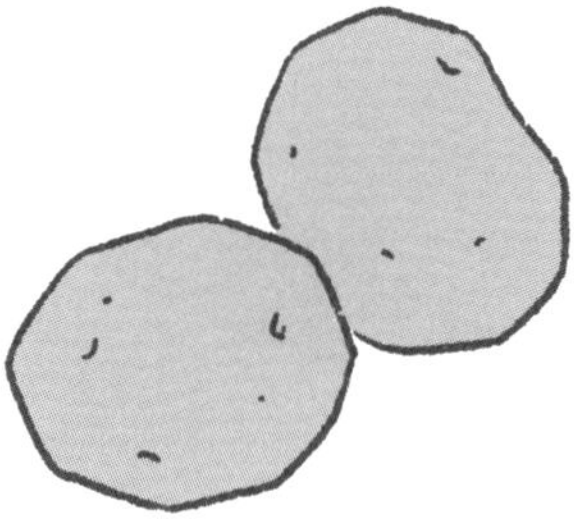

野菜ひとつでできる一品

じゃがいも

塩ガレット
（2人分）

じゃがいも2個の皮をむき、せん切りにする。フライパンにバター15gを熱し、バターがある程度溶けたら、火を止め、じゃがいもを丸く平らに置く。2〜3つのかたまりをつくり、塩、こしょうを適量ふる。火にかけ、中火でカリッとするまで両面を焼く。

ころころじゃが
（2人分）

じゃがいも2個の皮をむいて1〜2cm角に切り、片栗粉をまぶしておく。フライパンにサラダ油大さじ2とじゃがいもを入れ、塩を適量振り入れ弱火で5分焼く。竹串を刺してスッと通ったら中火にし、しょうゆ小さじ1、砂糖大さじ1/2、マヨネーズ大さじ1を加えて全体にからめる。器に盛り、青のり適量を全体にまぶす。

野菜ひとつでできる一品

大根

大根の皮のきんぴら
（2人分）

厚めにむいた大根の皮1本分をせん切りにする。フライパンにごま油大さじ2/3を熱し、大根の皮をしんなりするまで炒める。和風だしの素（顆粒）小さじ1、砂糖大さじ1/2、酒・みりん各25mℓを加え、さらに3分ほど炒める。水分が飛んだら白ごまを大さじ1を加え、しょうゆ大さじ1/2を回しかける。炒め合わせて完成。

大根の皮の酢の物
（2人分）

大根1/4本分の皮をせん切りにし、塩を少々ふり10分ほどおく。水気を絞り、ボウルに入れ、すし酢大さじ1、柚子こしょう小さじ1/2で和え、冷蔵庫で30分以上なじませる。

Part 4

洗濯

ふっくら
キレイに仕上げる

傷めないこと、キレイに汚れを落とすことの両立が洗濯のポイント。ここでは、そのために必要なテクニックをご紹介します。

「服を傷めず、キレイにする」が洗濯の基本

衣服を洗濯する目的は、当然ながら、一日の汚れをキレイに落とすことです。清潔な衣服は、身に着ける自分自身が気持ちよいのはもちろんですが、周囲の人に清潔で健康的な第一印象を与える重要ポイント。髪型やメイクがどんなに整っていても、最先端のファッションに身を包んでいても、その襟(えり)や袖が黄ばんでいたり、食べこぼしのシミがあったら、「不潔な人」という印象を与えてしまいます。

また、シワだらけ、ケバ立ちだらけ、ほつれや穴だらけの服もまた、汚れと同じぐらい不潔でだらしない印象を与えてしまうもの。そのため、汚れをキレイに落とすことと同じぐらい、「服を傷めないこと」は非常に重要な洗濯のポイントになります。そのためにも、生地や服の形態に合わせた正しい洗濯方法を選ぶ必要があります。

そもそも、服の生地が傷む原因は、ほとんどの場合、間違った洗濯方法にあります。スポーツやレジャー時は別として、普通の生活を営む中で、服が縮んだり破れたりといったことは少ないでしょう。不適切な洗濯方法によって、収縮や、風合いの

変化が起こるケースがほとんどだといえます。衣服をキレイなまま長く楽しむためにも、適切な洗濯方法を知ることはとても重要です。

「服に合わせて、どうやって洗濯方法を変えればいいの?」と悩んでしまう人がいるかもしれませんが、心配はいりません。その服に最も適切な洗濯方法は、その服に尋ねてください。

服の裏側についている洗濯表示を確認すれば、最適な洗濯方法がきちんと表示されています。洗濯モードや温度をそれに従って行えば、傷みや縮みの心配はほぼないでしょう。さらに言えば、服の購入時に洗濯表示をしっかり確認することを習慣にするのがベターです。「特殊な洗濯方法が必要な服は買わない」と決めてしまえば、洗濯の負担やクリーニングに出すコストはかなり軽減されます。

また、汚れを放置することも、服を傷める大きな原因となります。汚れ自体が生地を傷めたり、長時間放置したあとに無理に落とすことが大きな負担になったりするからです。汚れたときは1分でも早く、落とすための対処をしましょう。

洗濯の効率をよくする3つのポイント

料理や掃除と比べれば、洗濯が占める家事の割合はさほど多くはないといえます。それでも、一度洗濯機のスイッチを入れてから終了まで数十分、干してから取り込むまでに半日、畳んで収納するまで10～20分と、経過時間や手順の多さは、なかなかの負担に。洗濯機が動いている間は手を動かすことはなくても、気を取られて落ち着かない気分になるものです。家族が多くなれば、一日複数回、洗濯機を回すことになるので、かなりの拘束時間になります。

そんな洗濯の負担を軽くし、時短をするには「ため込まない」「洗う前から仕分けておく」「干し方を工夫する」の3つのポイントが重要です。

洗濯ものは、3日に一度まとめてやるよりも、毎日行うほうが負担は軽く、キレイになりやすいものです。シミがついた服は水で軽く濡らしてからせっけんをこすりつけてもみ込み、夜のうちに洗濯機に入れてタイマーをかけておけば、朝にはキレイに落とせるので、さほどの労力はかかりません。逆に、汚れやにおいは時間がたつほど手強くなって、落とすのに苦労する

ことになります。量をため込むと洗濯機を一度動かすだけでは終わらなくなります。出勤前の忙しい時間帯に、洗濯機を2回動かす時間の余裕をつくるのは難しいでしょう。

また、「標準洗い」「おしゃれ着洗い」など、洗濯方法別に洗濯かごを分け、最初から仕分けをしておくのも、時短につながります。洗濯かごを複数置く場所がない！ という場合は、洗濯ネットで仕分けをしておくのも一案です。ネットに入れたまま、洗濯機に入れられるので、仕分け作業がずいぶんと軽減されるでしょう。

乾燥時間も、干し方ひとつで時短が可能です。ピンチハンガーに吊るすときには風の通りがよくなるように、中央を短いもの、外側に長いものを配置しましょう。厚手のズボンは筒状に広げる（147ページ参照）と乾燥が早くなります。

また、洋服ハンガーで干した服は、乾いたらそのままクローゼットに吊るして収納すれば、畳む手間と時間が省略できて、一石二鳥です。

ちょっとした工夫で、洗濯はずいぶんと効率化されます。

洗濯の”二大悩み“を防ぐ方法

洗濯に関する悩みでよく耳にするのが「においがとれない」「汚れが落ちない」の2つですが、これらはいずれも「洗濯ものの入れすぎ」が原因になっていることが少なくありません。もしみなさんが、こうした悩みを抱えているようであれば、洗濯機の規定量を超える洗濯ものを入れていないか、確認してみてください。

洗濯機は水流を起こすことで、洗濯ものの汚れを落としています。ところが、洗濯ものを入れすぎると、この水流が弱くなってしまうため、汚れが十分に落ちなくなったり、洗剤や柔軟剤が十分に衣類に行き渡らなくなり、汚れやにおいが残ったりすることになります。一度に洗う量は、どんなに多くても、洗濯槽に対し7割程度に抑えましょう。

また、洗濯機の中に長時間、洗濯ものを入れたままにしたり、濡れたものと一緒にしたりすることも、においの原因になります。洗濯ものは洗濯槽ではなく、洗濯かごに入れ、洗濯後はすぐに洗濯槽から取り出して干しましょう。洗濯槽のカビ発生の予防にもつながります。

洗濯槽にカビやゴミがたまることも、洗濯もののにおいの隠れた原因になります。洗濯槽は月に1回、湿度の高い時期には月に2回、洗浄（154ページ参照）することをおすすめします。

また、洗濯ものが乾くまでに時間がかかると、その間に雑菌が繁殖して生乾きのイヤなにおいが発生することも。湿度の高い時期は、除湿器や扇風機を当てて乾燥をスピードアップさせると、におい防止になります。

乾燥機を使うのも一案ですが、頻繁な使用で衣類が傷むことも。その場合は、取り込んだあとに、仕上げに、短時間だけ軽く乾燥機にかければ、服を傷めず、においも防ぐことができます。

ちなみに、においに悩んでいる方が、柔軟剤を使わずに洗濯しているケースも少なくありません。最近の柔軟剤は、衣類をやわらかくすると同時に、消臭効果も備えているので、上手に利用しましょう。

ただし、柔軟剤をたくさん入れれば防臭効果が高くなるわけではなく、変色の原因にもなります。表示通りの適正量を守りましょう。

前準備

01

ベアーズ式 洗濯の基本 「服を傷めない」が最優先

長持ちさせるコツ

洗濯前にやるべき3つのこと

キレイにするだけじゃなく、生地を傷めず
長持ちさせることも洗濯の重要なポイント。
そのために必要なポイントをおさえておきます。

Rule 01

洗濯表示は必ずチェック！

洗濯前に必ずタグの洗濯表示を見て、水洗いかドライか、洗濯機洗いか手洗いかなどを確認するのが、縮みや型崩れを防ぐ必須の作業。

Rule 02

服の汚れはなるべく早く落とす

シミがついたときは放置せず、その場ですぐにシミ抜きを。その後は、なるべく早く洗濯すると、最も生地への負担が軽くなります。

Rule 03

洗う前の下準備が服の寿命を決める！

ネットに入れる、シミにはせっけんをすり込んでおく…など、洗う前の下準備を丁寧にすることが、洗濯の失敗や傷みを防ぐ！

洗濯前にやること

step 1

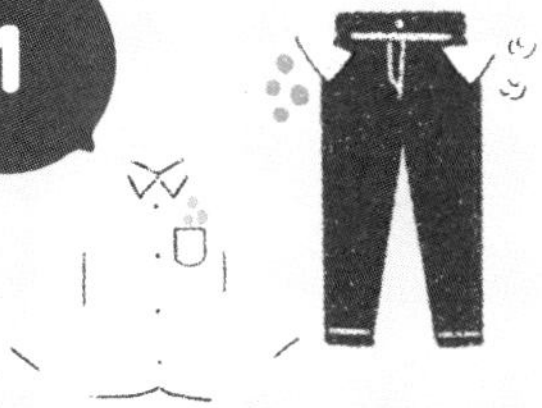

ポケットの中をチェック！

硬貨やティッシュなどがポケットに入っていないか確認を。シャツの胸ポケットも忘れずに！

step 2

汚れた部分を少し濡らしてから！

シミには固形せっけんをすり込む

白シャツの襟や袖、靴下の黒い汚れやシミがついた箇所には、固形せっけんをすり込んでおこう。

step 3

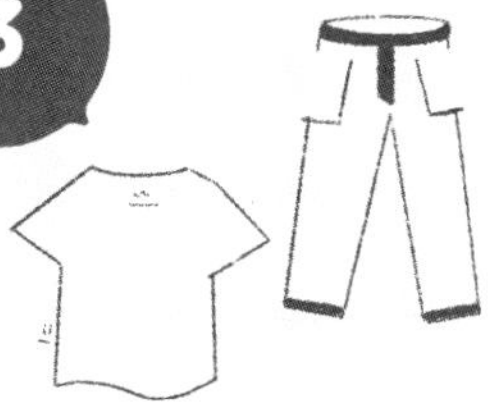

柄物、ジーンズは裏返す

色落ちしやすいジーンズや柄物の服、飾りボタンがついている服は裏返して洗濯機へ。

step 4

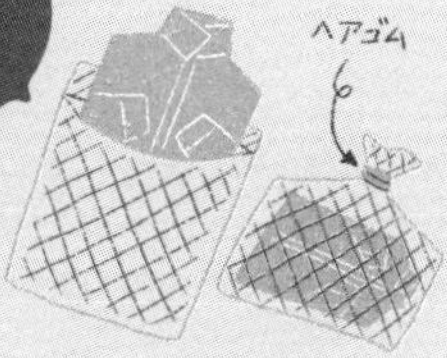

デリケートな衣類はネットに入れる

デリケートな服は汚れが上にくるよう、畳んでネットに。ネットが大きい場合は、ヘアゴムで結んで。

02 手順を変えるだけで差が出る 汚れ落ちをよくする手順

洗濯ものを入れる順番で仕上がりが変わる！

水流がしっかり起こる洗濯ものの入れ方や
干すタイミング、洗剤の使い方で、
仕上がりの質は大きく変わります。

step 1

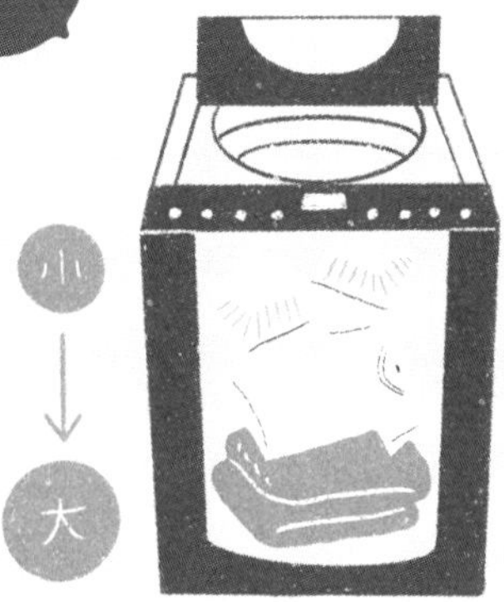

大きくて かさばるもの から先に入れる

洗濯機に洗濯ものを入れるときには、一番下に大きくてかさばるもの、一番上に小さいものがくるように入れると、水流の回転がよくなって洗浄効果もアップします。

step 2

洗剤＆柔軟剤は 正しく量る

洗剤や柔軟剤は、種類に合わせた表示通り、正確に量ること。目分量で適当な量を入れると、汚れ落ちが悪くなったり、黒ずみの原因になることも。

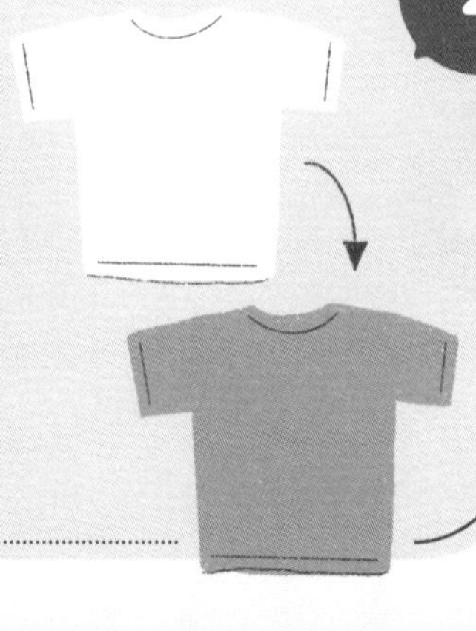

step 3

お風呂の残り湯は「洗い」だけに！

お風呂の残り湯を「すすぎ」のときに使うと、お湯の汚れが洗濯ものに付着して、においの原因になることも。使う場合は「洗い」のときだけにするのがベター。温度が高いうちに使うことで、汚れ落ちもよくなります。

step 4

洗濯後の放置はNG！

洗濯機が止まったあと、そのまま放置すると、雑菌が繁殖したり、カビが発生して、においの原因に。洗濯機が止まったら、即、洗濯ものは取り出すことを習慣に。また、洗濯機のふたを使っていないときも、湿気がこもらないよう、開けたままにしておきましょう。

03 服の寿命に差がつく デリケート洗いのコツ

繊細な衣類を傷めないコツは

洗濯表示に桶(おけ)のマークがあるものは、家庭での水洗いが可能です。お気に入りの服を長く楽しむためにも、おしゃれ着を洗うときのコツをおさえておきましょう。

step 1

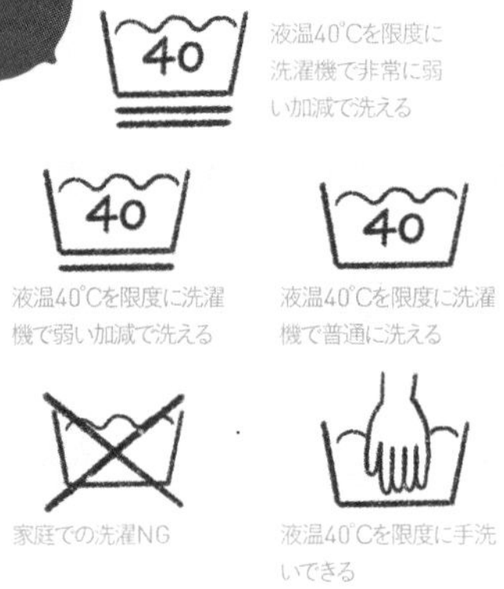

40
液温40℃を限度に洗濯機で非常に弱い加減で洗える
40
液温40℃を限度に洗濯機で弱い加減で洗える
40
液温40℃を限度に洗濯機で普通に洗える
家庭での洗濯NG
液温40℃を限度に手洗いできる

洗濯表示は必ずチェック!

初めて洗う衣服は、タグの洗濯表示を必ず確認しましょう。桶のマークは家庭での洗濯OK、中の数字は液温の上限、桶の下の横棒は水流の加減を示しています。

step 2

ファスナーやボタンは、とめてからネットへ

型崩れを防ぐために、ファスナーやボタンはとめてから、汚れが気になる部分を外側にして畳み、ネットへ。ビーズなどの飾りがある服は裏返して畳みます。

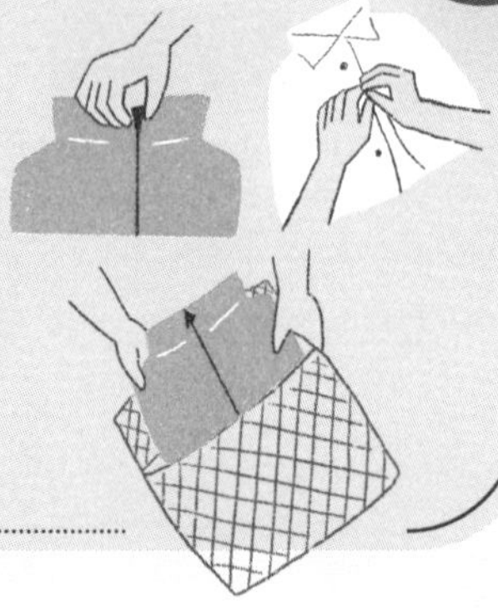

step 3

平らになるようにして洗濯機に入れる

洗濯槽の中に平らになるようにして洗濯ものを入れ、繊細な衣類を洗うためのコースを選択。コース名は「デリケート洗い」「おしゃれ着洗い」「ドライコース」など、メーカーによって違うため、初めて洗うときには説明書で確認して。洗剤もデリケート洗い用を使います。

step 4

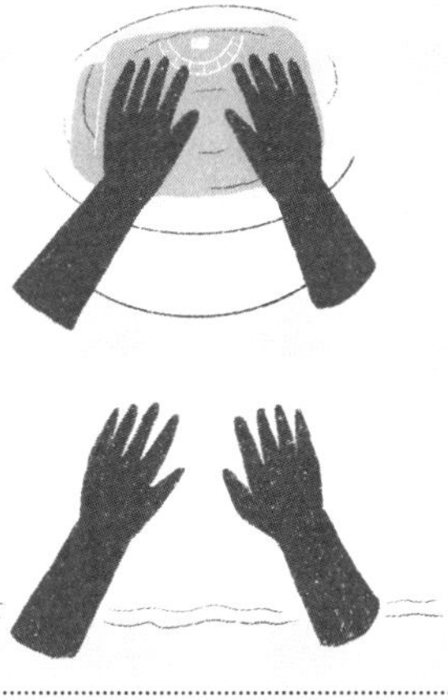

大切な服は手洗いで長持ちさせる

大切な服は、手洗いをするとダメージがより少なく、長持ちします。タライか洗面台に30°C以下の水を張り、水量に合わせたおしゃれ着用洗剤を溶かし、畳んだ洗濯ものを手のひらでやさしく押し洗い。バスタオル2枚ではさみ、脱水したら、型崩れしないよう平らに干しましょう。

mini Column

特にデリケートな衣類はクリーニングへ

水洗いNGの衣類は専門業者にまかせましょう。出す前にポケットの中のチェックを忘れずに。

04

乾きがグンと早くなる！風の通り道をつくろう

乾燥時間が短くなる 干し方3パターン

風の通りを最大限によくする、次の3つの干し方を覚えておきましょう。その時々の洗濯ものの大きさ、長さのバランスに合わせて選択してください。

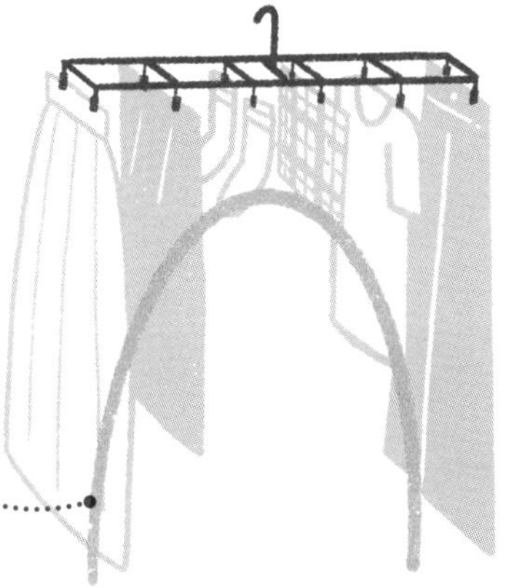

Point

ピンチハンガーに干すときは、外側に長いもの、内側に短いものを吊るして、横から見たとき、アーチ形になるよう配置すると、風の通り道ができて早く乾く！

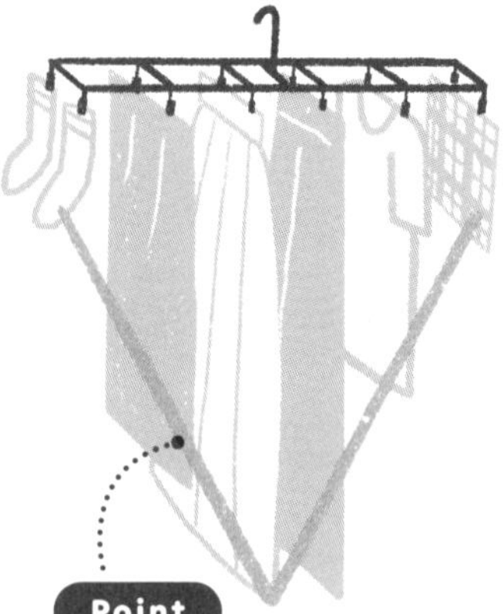

Point

長いものを中央に、外側に短いものを配置してV字形にしてもOK。

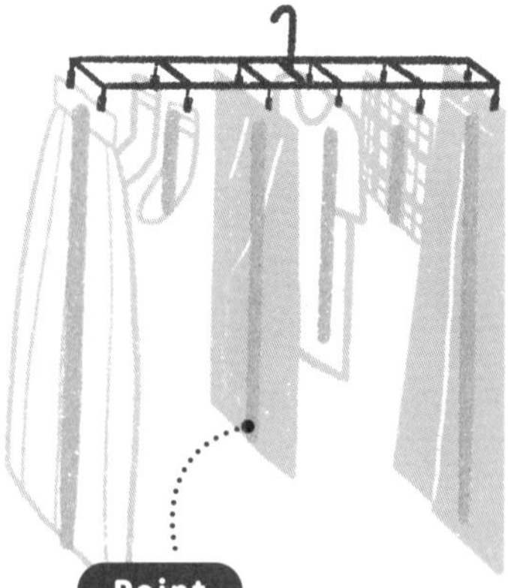

Point

長いもの、短いものを交互に干すのも風が通りやすい配置。

シワ予防

Point 1

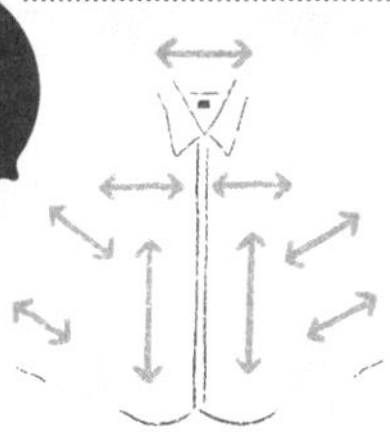

干すときのひと手間でシワ予防

シャツはハンガーにかけ、矢印のように軽く生地をつまんで、ピンピンとシワを伸ばしておこう。

Point 2

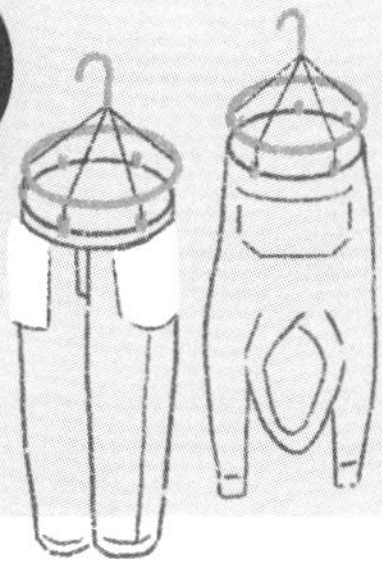

乾きにくいものは筒状に干す

デニムやトレーナーなどの厚手の服は筒状に干す。風の通り道ができて、乾燥がスピードアップ！

Point 3

袖が伸びやすい服は「おばけ干し」

伸びやすいニットなどは、お化けの手のように袖だけ別のハンガーにかければ、袖が伸びない！

Point 4

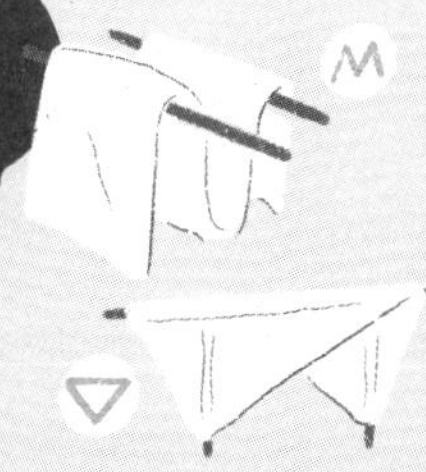

大物はM字形＆三角干しで早く乾く！

バスタオルは竿2本に渡らせる「M字形干し」、シーツは端をずらす「三角干し」で乾燥の時短に！

05
仕上がりに差がつく！
時短＆キレイに畳むコツ

トップスの基本的な畳み方

ワイシャツもTシャツも畳み方の基本は同じです。
ソデ→ヨコ→タテの順に、収納の幅に合わせて
畳みましょう。

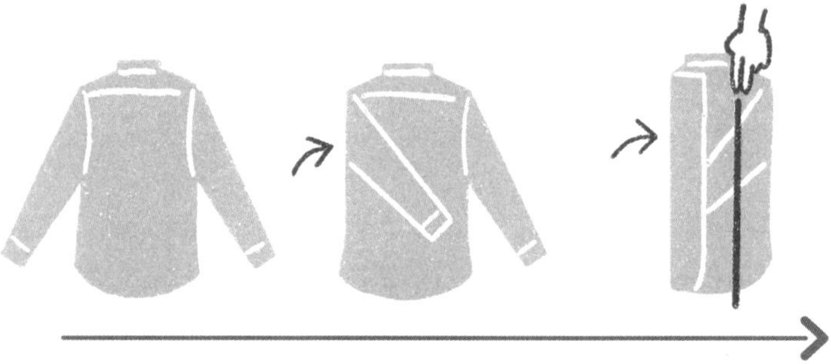

Step 1
背中側を上にして広げる

Step 2
両袖をそれぞれ内側に折る

Step 3
襟横に2本指を添え、それを目印に左右両側の身ごろを内側に畳む

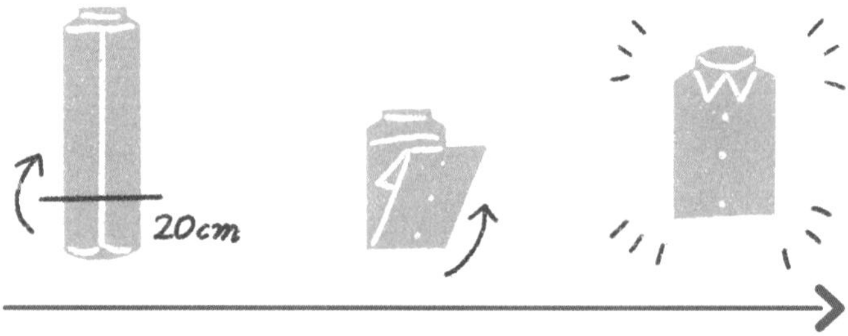

Step 4
裾下20cmほどを上へ向けて畳む

Step 5
さらに半分に畳む

Step 6
襟を整えて、できあがり

下敷きワザ

仕上がりサイズをカンペキに統一！

Tシャツやワイシャツの背中部分に下敷きを当てて畳めば、仕上がりのサイズが統一されて、キレイに収納可能！

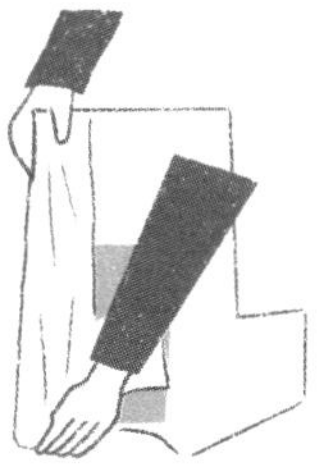

手アイロン

シワを畳みながら手でサッとなでる

畳みながら手のひらでアイロンをかけるようにサッとなでたり、軽くたたけば、シワが伸びて仕上がりがキレイに。

たたまない

ハンガーで干してそのまま収納！

トップスはハンガーにかけて干し、そのままクローゼットに吊るす収納にすれば、畳む工程が完全カットできる！

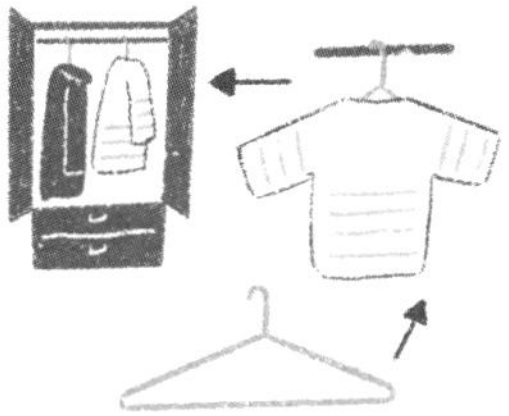

畳む→しまう

動線を最短に

洗濯ものは収納スペースの前で畳み、どんどんしまえば、動線も手間も最短に。毛玉取りブラシや洋服用のコロコロも用意しておくと便利。

06 時短&プロの仕上がりにする基本のアイロンのかけ方

袖→襟→身ごろの順に進める

シャツにアイロンをかけるときには、
袖→襟→身ごろ、外側→内側、
狭い面→広い面の順に、ゆっくり丁寧にかけましょう。

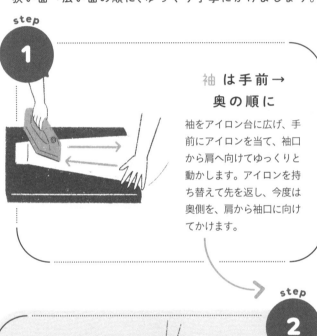

step 1

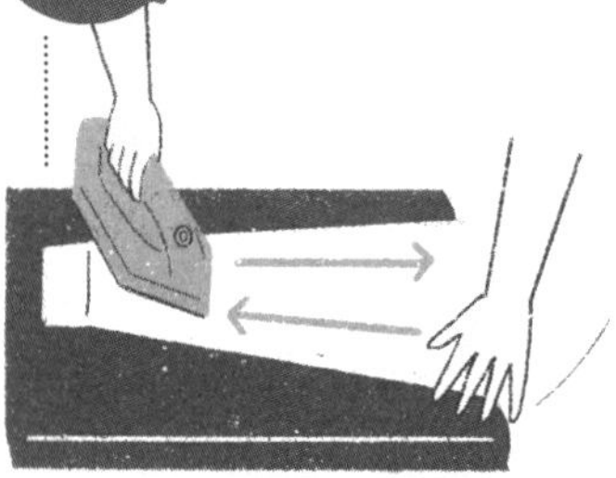

袖は手前→奥の順に

袖をアイロン台に広げ、手前にアイロンを当て、袖口から肩へ向けてゆっくりと動かします。アイロンを持ち替えて先を返し、今度は奥側を、肩から袖口に向けてかけます。

step 2

襟、カフスは端→内側へ

襟とカフスは平らに広げて、アイロンの先を使って端から内側に向かって、それぞれかけます。

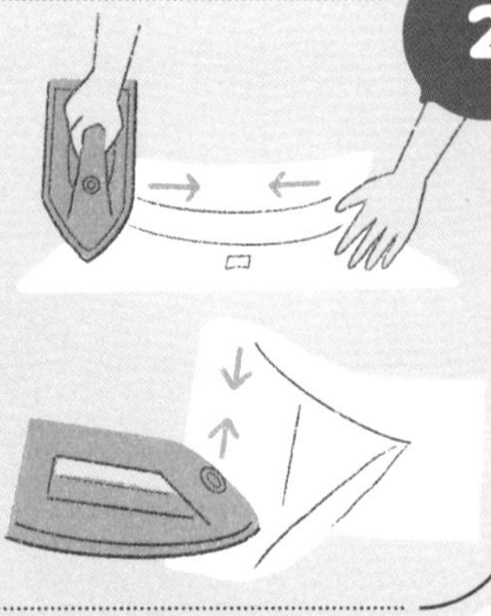

step 3

前身ごろはボタンの間も丁寧に

前身ごろはアイロン台に着せるように平らに広げ、裾から肩へアイロンを横にゆっくりと動かしましょう。ボタンの間はアイロンの先をすべり込ませるようにしてかけます。

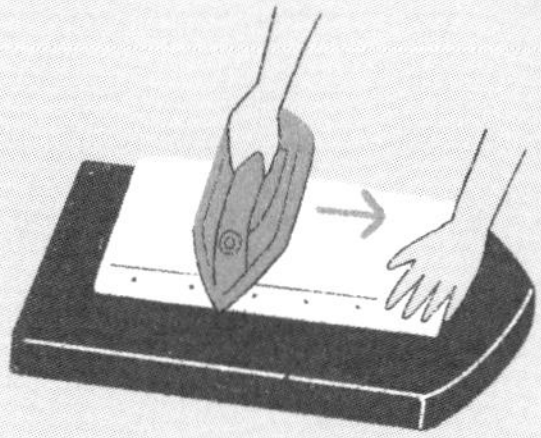

step 4

後ろ身ごろは半分ずつかける

後ろ身ごろはアイロン台に左右半分ずつに分けてかけていきます。裾から肩に向かって大きくアイロンを動かしましょう。片方の手で生地を軽く引っぱるように押さえると、アイロンが動かしやすくなります。

mini Column

ニットの型崩れはたっぷりのスチームで補正

ニットの袖や襟の型崩れにはアイロンのスチームを当てましょう。直接アイロンが当たらないように注意して。

油ジミの落とし方

クレンジングオイルをもみ込んでから洗濯

落ちにくい油ジミは、同じオイル系のクレンジングをなじませてから洗濯しましょう。

Step 1

シミ部分にクレンジングオイルをつける

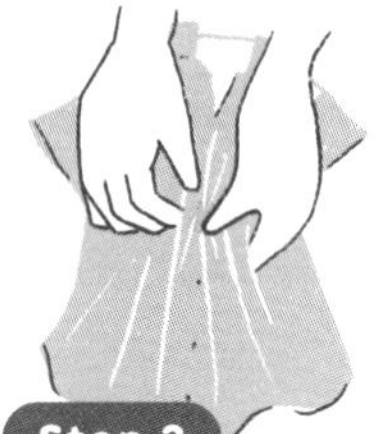

Step 2

シミとなじませるようにもみ込む

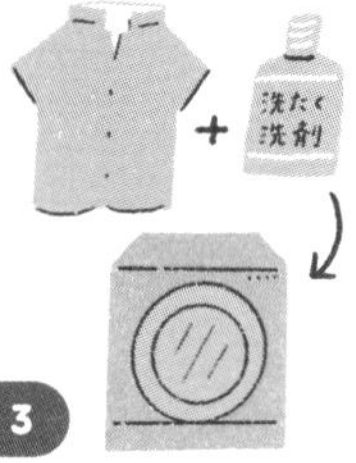

Step 3

そのまま洗濯用洗剤を入れて洗濯

縮みを回復させる方法

ヘアトリートメントで繊維をゆるませる

誤った洗濯法で縮んでしまったセーターは、30℃のぬるま湯を入れたタライにヘアトリートメントをワンプッシュ分溶かし、そこに30分ほどつけ込みます。バスタオルではさんで軽く脱水したあと、平らなところで慎重に伸ばして平置き乾燥させましょう。それでも縮みが取れない場合は、アイロンでスチームを当てながら、少しずつ慎重に伸ばすとよいでしょう。

ギャザーのアイロン法

丸めたタオルを内側に入れてアイロンを

ブラウスやスカートのギャザー部分になかなかうまくアイロンをかけられない…という場合には、タオルを用意しましょう。タオルを丸め、ギャザー部分の内側に当ててから、アイロンを当てましょう。アイロンは直接あてず、スチームをたっぷりと当てると仕上がりがキレイになります。

布団の収納法

布団収納袋の防虫&癒やしにアロマストーンを

シーズンオフになった毛布や羽毛布団を収納するときは、カバーをはずして洗濯し、布団はよく日に当ててから収納袋に収めましょう。そのとき、好みの香りをつけたアロマストーンをひとつ添えると、無害な防虫剤となります。また、シーズンに再度取り出したときには癒やしの香りに包まれた睡眠タイムが楽しめます。

におい対策

月に一度の洗濯槽洗浄

洗濯もののにおいの原因で多いのが、洗濯槽のカビや汚れ。それが洗濯ものに付着するとにおいの原因になるため、月に一度は洗濯槽の洗浄を。無害な洗濯槽掃除としておすすめなのが「過酸化ナトリウム+40℃のお湯」洗浄。洗濯機にマックスの水位まで40℃の湯を入れ、水10ℓあたり約100gの過酸化ナトリウムを加えて5分ほど攪拌し、排水せずに一晩放置します。浮き出た汚れを取り除き、普通に洗濯機を1回して洗浄完了です。

洗濯ものの長時間放置はNG!

脱いだ洗濯ものをそのまま洗濯機の中に入れ、長時間放置することで雑菌やカビが繁殖し、においの原因になることも。洗濯ものは通気性のよい洗濯かごに入れるようにしましょう。使っていないときは、洗濯機のフタは常に開けておき、中もカラにして常に通気性を保つことを習慣に。また、洗濯が終わったら、すぐに洗濯ものを取り出すことも忘れずに。

Part 5

ベアーズ式 12か月の家事カレンダー

ここでは、季節ごとにやるべき家事、やっておくと後が楽になる家事をご紹介します。

1月の家事 年間計画と結露対策

カレンダーに記入しながら家族の予定を共有する

年明け早々は、家族全員がそろいやすいタイミング。このときに、家族の年間スケジュールを新しいカレンダーに記入しながら、お互いの一年間の予定を共有しておきましょう。今年の目標や、やりたいことなどを書き入れても。

結露した窓はこまめに掃除する

暖房で窓が結露しやすい時期は、ホコリのこびりつきやカビが発生する前に、窓の内側の水分をこまめに拭き取りましょう。

年間の予定と住所録の確認を

家族全員に時間の余裕がある新年は、カレンダーや手帳に1年間の家族の予定を書き入れたり、届いた年賀状を見ながら住所録の更新を済ませたりするのによいタイミングです。

また、松の内にお正月飾りをはずすことも忘れずに。はずしたお正月飾りは、神社でお炊き上げをしてもらいましょう。持っていきそびれた場合には、塩で清めて新聞紙などにくるみ、燃えるゴミとして処分を。

結露した窓や、暖房器具のフィルターは、カビや汚れが付着する前に、こまめに掃除をすることをおすすめします。

2月の家事

花粉対策と新学期の準備

花粉シーズン前に受診スケジュールを確認

花粉シーズン前に、かかりつけ医の受診予約を入れておきましょう。マスクや花粉症用メガネなど、花粉対策グッズも用意。空気清浄機を使っている人は、フィルター掃除や機能のチェックも忘れずに。

新学期に必要なものをリストアップ

子どもの新学期に向けて、学用品やぞうきん、上履き、体操着などの必需品を確認、購入リストもつくっておきましょう。進学の場合は、新しい制服の購入先と採寸・注文のスケジュールや予約の確認も。

春の準備＆新学期の見通しを立てる

冬用のコートやマフラーがそろそろ汚れてくるころ。ドライマークの服にスチームアイロンを当ててシワやにおいを落とす、ニットにブラシをかけて毛玉やホコリを落とすなど、丁寧なお手入れをしておきましょう。中旬には確定申告に向けて、必要書類や該当する控除の確認をスタートして。年末調整済みの会社員も、ふるさと納税や副業をしている場合は申告をする必要があります。子どもの進学や進級に必要な準備についても、2月のうちにひと通り確認をしておくと、あとであわてることがありません。

3月の家事

インテリアや衣服を春仕様にチェンジ

ファブリックの模様替えでインテリアを一新

カンタン＆短時間にインテリアの季節感を一新できる、ファブリックの模様替え。厚手の布や暖色などの冬仕様から、パステルカラーの軽やかな薄手の布のクッションカバー、カーテンなどで室内を春仕様に。

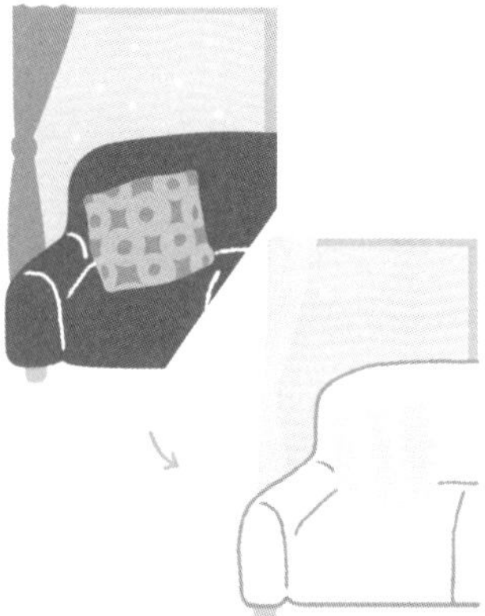

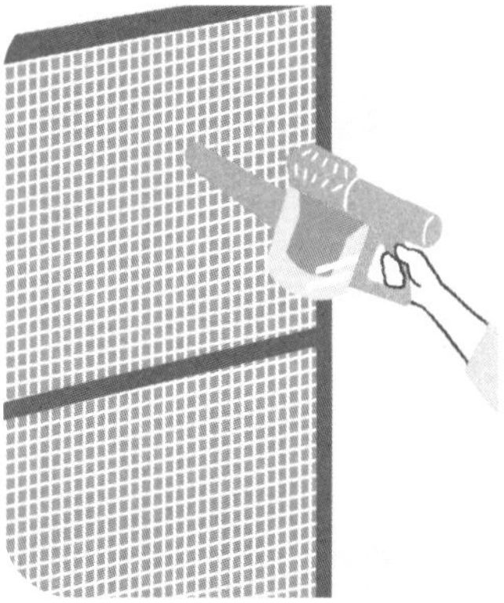

窓を開ける季節に備えた掃除を

窓を開けることが多くなる季節の前に、網戸やサッシのホコリや汚れを落としておきましょう。網戸の掃除方法は29ページを参考に。ホコリがたまっている場合は、最初にサッと掃除機をかけるとスムーズです。

春の衣服の準備と年度末の見直しを

天気のよい日を選び、春服の手入れをしておきましょう。春のコートや薄手のニット、ブラウスなどをひと通り収納から出して、汚れやシミ、シワがないかチェック。アイロンを当て陰干しをします。

衣替えのついでに、ファブリックの模様替えや窓掃除も済ませると一石二鳥です。

また、年度末は契約中の生命保険や定期購読している新聞、雑誌などの棚卸しをするのによいタイミングです。年間コストがどれぐらいかかっているのか再確認し、今年度も必要かどうかを家族で再検討しましょう。

12 months of housework

4月の家事

収納ケア＆新生活のスタイルチェック

書類や学用品の処分を

前年度の学校関係の書類や教科書、学用品の棚卸しをして、不要なものは処分します。新年度に必要なものを置くための収納スペースも空くので、ついでに掃除もしておきましょう。

収納スペースの掃除と湿気対策をする

かさばる冬物のコートをクリーニングに出したときは、収納スペースがぽっかり空くので、掃除のチャンス。クローゼットや押し入れに掃除機をかけ、除湿剤や防虫剤の交換もしておきましょう。

新年度のスタートにスケジュール確認

4月に入ると新学期や新入学が始まり、年間予定も発表されます。カレンダーや手帳に予定を書き入れながら、家族全員の年間スケジュールの確認をしておきましょう。大きな出費や移動教室、試験日などを事前に把握しておくと、準備もスムーズになります。

また、冬物のダウンや厚手のコートはそろそろクリーニングにまとめて出しましょう。ポケットの中を確認することも忘れずに。まとめて出せば割引になることも多いので、近隣の店舗のサービス内容を確認しながら目星をつけておきましょう。

5月の家事 冬寝具じまいと梅雨のカビ予防

寝具を秋冬ものから春夏ものへチェンジ

天気のよい日に、春夏もの、秋冬ものの寝具はすべて、よく日に当てます。春夏ものは洗濯したカバーやシーツをかけ、秋冬ものは布団袋へ収めます。一度に干せない場合は、週末の土日や、2週に分けても。

洗面所、お風呂場のカビ予防

梅雨になる前に、洗面所とお風呂場のカビ対策をしておきます。洗面台下を掃除してエタノールで拭き上げ、排水口洗浄を。お風呂場は床だけでなく、壁や天井も洗浄して、見えないカビのもとを退治しましょう。

梅雨前にできることを済ませておく

天気がよく、湿度も低いうちに、水回りのカビ対策に加えてフローリングのワックスがけも行いましょう。掃除機を丁寧にかけ、よく絞ったぞうきんで水拭きをして、よく乾かしたあとにワックスを丁寧にかけます。

また、本格的な発生シーズン前に、蚊やゴキブリなど害虫の侵入防止策もしておきましょう。網戸の確認をし、破れ部分があれば補修しておきます。洗濯機の排水口にネットをつけたり、網戸の枠やドアにすき間がある場合には、すき間を埋める専用テープを貼ったり。虫よけグッズの設置も忘れずに。

12 months of housework

6月の家事

カビ対策&洗濯槽のチェック

洗濯槽のカビチェック

洗濯槽のカビは、衣類のにおいのもとにもなります。本格的な梅雨の季節は、洗濯槽のカビ取り洗浄の頻度を、月に1回から、2回に増やしましょう。

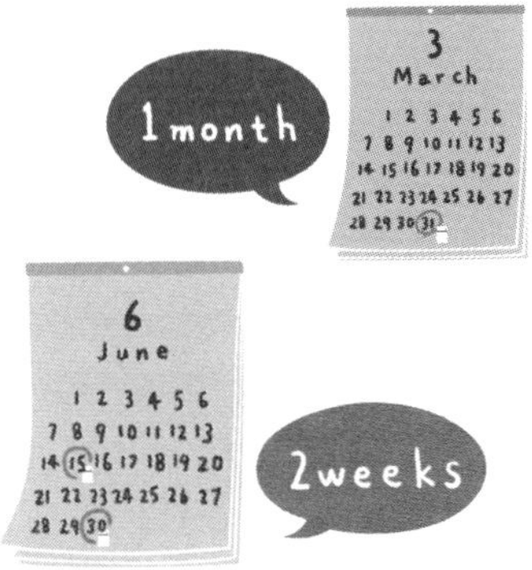

靴・バッグのカビを予防する

湿度の高い時期は、バッグや靴のカビ発生リスクも高まります。収納の床と接着しているバッグや、靴の底や内側にカビが発生していることも。バッグや靴の中に新聞紙や除湿剤を入れて予防を。

梅雨時期のケアと暑さ対策の準備を

6月はカビ対策に加えて、冷蔵庫の中の掃除と整理をしておきましょう。スッキリと片づけておくことで、真夏の冷房効率がアップします。古い食品は処分して、はずせるパーツははずして洗浄し、庫内はエタノールで拭いて除菌します。パッキンのカビはカビ取り剤か塩素系漂白剤で除去しましょう。

また、エアコンのフィルター掃除と、掃除機能つきエアコンのダストボックスの掃除も済ませておきましょう。内部にカビが生えている場合には、エアコンクリーニングの専門業者に掃除の依頼をしましょう。

7月の家事

台風対策と外まわりのお掃除

台風に備えてシートや養生テープをストック

台風が多い昨今は、7月からしっかり準備をしておきましょう。窓には飛散防止フィルムを貼り、いざというときの防御用に段ボールや防水シート、養生テープ、補強ロープなども常備しておくと安心です。

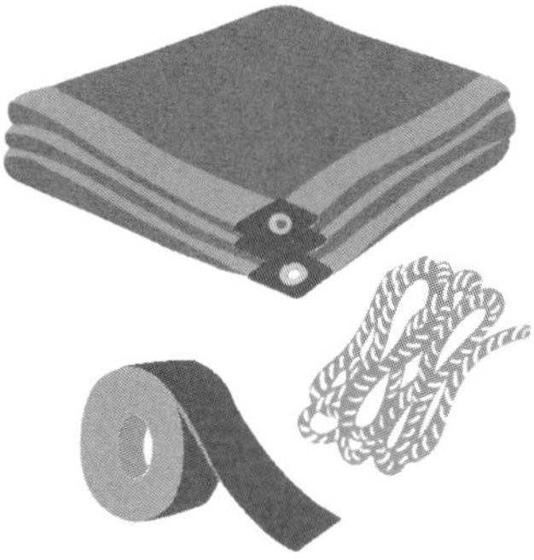

庭やベランダまわりを片づけておく

庭やベランダまわりの掃除をして、ゴミや使っていない鉢を処分し、吊り下げタイプの植木鉢は補強を。ベランダやテラスの排水溝、雨どいのゴミは掃除し、水はけをよくしておきましょう。

台風と湿気対策

外まわりの掃除に加えて、カビが発生しやすい下駄箱や洗面台の念入りな掃除もしておきましょう。収納物を全部出して、エタノールで拭き掃除し、しばらく扇風機で風を送って湿気を飛ばします。除湿剤の交換も忘れずに。また、毎日一度は扉をしばらく開け放して風を通しておくとカビ予防になります。

　夏休みの数週間前には、予定を家族で確認しておきましょう。子どもの部活や塾、遊びに行く予定などをすり合わせておきます。旅行に行く場合には、予約の確認や、必要なもののリストアップもしておきます。

12 months of housework

8月の家事

エアコンと油汚れの対策

週に一度はフィルター掃除を

毎日長時間使う時期、エアコンのフィルターは1週間に一度は掃除しましょう。掃除機でホコリを取り除き、水洗いしたあとよく乾燥させます。掃除機能つきの場合はダストボックスの掃除も忘れずに。

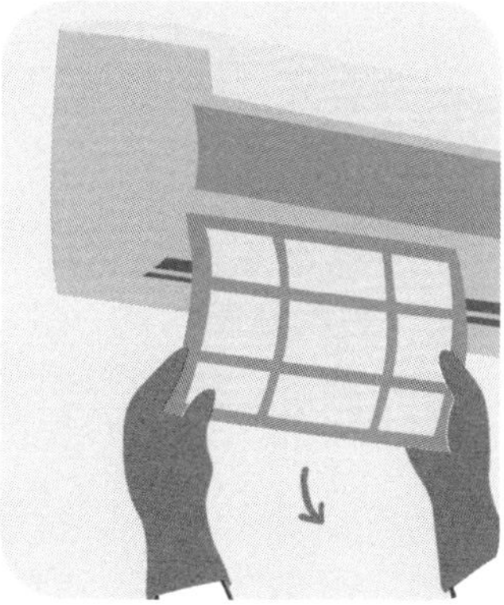

真夏こそ換気扇掃除を

真夏は換気扇掃除のベストタイミング。はずせるパーツは重曹につけ置き、ファンやカバーの汚れは重曹ペーストを塗布したキッチンペーパーを貼りつけ、上からラップで湿布。しばらくおいたあと拭き上げて。

冷房の効きがよくなるメンテナンス

エアコンはフィルター掃除に加えて、室外機まわりの掃除も忘れずに。室外機周辺はスペースを確保して清掃し、空気の流れをよくしておくと効きがよくなります。直射日光が当たる場合には、日よけの設置も考えましょう。

涼しくて虫が少ない早朝のうちは、さらに庭やガレージの草取りも済ませておきましょう。夏場は特に草の生育が早いため、放っておくとすぐに荒れ庭になってしまいます。虫刺され予防のために長袖・長ズボン、ゴム手袋を装着し、短時間に一気に済ませるのがコツです。

9月の家事

窓・網戸のお掃除＆秋じたく

台風で汚れた窓の拭き掃除をする

台風が過ぎたあとは、窓まわりの泥汚れをキレイに落としましょう。ガラスクリーナーを「Z」の文字を書くように吹きつけて、ぞうきんで拭き上げます。網戸や外壁、屋根に破損がないかもチェックしましょう。

夏の家電の手入れと収納

残暑が落ち着いたら、夏の家電を収納します。エアコンや除湿器はフィルターを丁寧に掃除して。扇風機は清掃したあと、買ったときの箱に収めるか、ホコリよけの布か大きなビニール袋をかぶせて収納します。

夏ものをしまい、はおりものを準備

夏に使った日よけグッズのお手入れと収納をする時期。布素材の帽子は中性洗剤で手洗いをし、形を整えて干します。日傘は軽く全体を濡らし、薄めた洗剤をしみ込ませたスポンジで汚れを落とし、すすいでからよく乾かします。すだれは取りはずして掃除機をかけ、固く絞ったぞうきんで水拭きして天日干しをしたら、丸めて新聞紙などで包み、収納しましょう。

また、肌寒さ対策に、薄手のジャケットやカーディガンなどのはおり物を出しましょう。軽く陰干しするか、一度洗濯すると気持ちよく着られます。

12 months of housework

10月の家事

衣替え＆ハウスダスト対策

春夏から秋冬へ衣替え＆収納計画

春夏ものから、秋冬ものへ衣替えを。夏服を収納する前に、必要なものはクリーニングへ。秋冬の衣服は一度全部出して、シミやシワがないかチェック。ボタンやほつれがある場合には補修をしておきましょう。

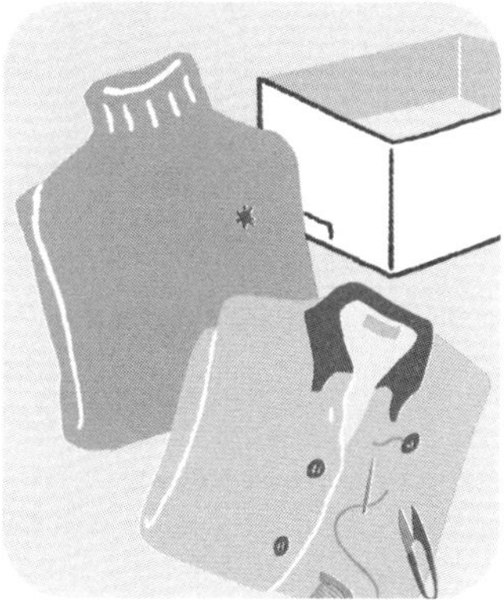

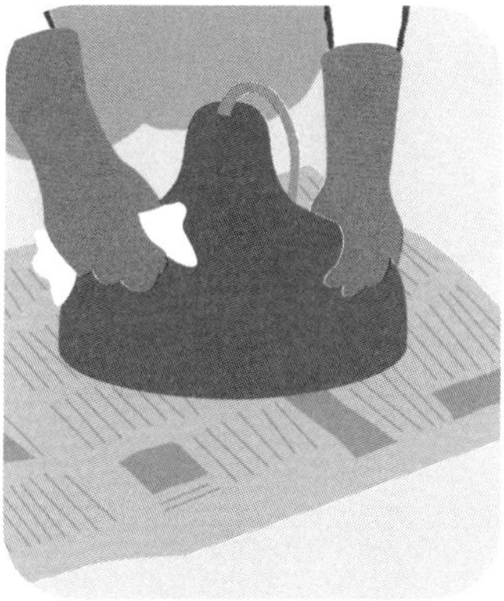

照明のかさを掃除する

家じゅうの照明のかさを掃除します。窓を開けることが多かった春から夏にかけてのホコリを落としましょう。一度、天井から照明のソケットをはずし、床に。このとき、新聞紙を広げてその上にのせるとホコリよけになります。はたきや化学ぞうきんでほこりを落としたあと、水拭きをします。

収納掃除＆リセットのベストタイミング

衣替えのついでに、布団も秋冬ものに入れ替えます。春夏の布団を日に当て、カバーを洗濯して収納袋に収め、秋冬の布団も日に当てて、清潔なカバーをかけます。毛布は、収納中のにおいや湿気が気になる場合には、天気のよい日に一度洗濯すると気持ちよく使えます。こたつ布団やカバーも日に当てておきましょう。

衣替えと布団の入れ替えで収納が空くタイミングは、収納計画のリセットに最適。不要なものを処分したり、使いやすいレイアウトを再考したりしましょう。

11月 の家事

不用品を一掃する

年末の大掃除に向けて ものを減らす

大掃除前に、できるだけ不用品を減らしましょう。今週はリビング、来週は寝室と、一室ずつ進めたり、「一日、ゴミ袋ひと袋分」と目標をつくるのもおすすめ。年末は不用品回収も混雑するため、早めの手配を。

カーテンをはずして 洗濯を

窓を開けることが多かった春夏の間に、カーテンはホコリや排気ガスなどで、見た目以上に汚れているもの。洗濯ラベルの表示に従って洗濯しましょう。カーテンは外でよく乾かしてから吊るします。

本格的な寒さに備える

不用品処分のついでに、冬のウールコートやダウンコート、厚手のニットなどを出して、お手入れをしておきましょう。シミやシワがないかをチェックしたり、収納中についたにおいやシワが気になる場合にはスチームアイロンを当て、陰干しをしたりするなどのケアをします。

　また、クッションカバーや敷き布など、冬に合わせた厚手の生地や暖色のものにファブリックを替えると、暖かなインテリアに様変わりします。テーブルクロスやランチョンマットを冬にマッチした色や柄のものに替えるのも楽しいものです。

12 months of housework

12月の家事

一年の汚れを小分けにして落とす

大掃除をひと月かけて分割する

家族みんなが忙しい師走は、年末にまとめて掃除するのが難しいもの。そのため、場所別に担当を決め、それぞれが12月の間に掃除のスケジュールを立てておくとよいでしょう。

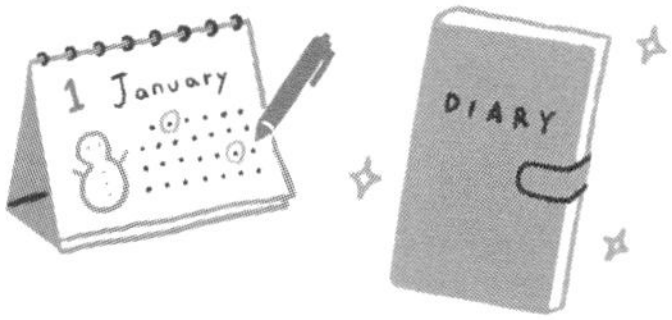

年賀はがきや新年の手帳、カレンダーを手配する

年賀はがきを印刷する場合、早く注文するほど割引されるサービスも多いので、早めに発注しましょう。カレンダーや手帳も早めに新しいものを購入して、年末年始の予定はどんどんそちらへ書き写していきましょう。

大掃除のついでにレイアウトを見直す

大掃除は一度にやろうとせず、担当を分けて家族それぞれが進めるようにしたり、リビング担当の場合は「今日はソファまわり。明日はテレビまわり」など、さらに細分化すると効率的です。

掃除で家具を動かす折には、もっと使いやすいレイアウトはないか見直してみましょう。ソファやテーブルの向きを変える、家族構成の変化に合わせて家具の見直しをするなど、再考するよい機会です。

一年使い続けたタオルや下着は、一年の終わりに一新すると、新年を迎える気持ちが高まるのでおすすめです。

COLUMN_08

ベアーズレディ オリジナル 家事術

ベアーズレディが
仕事の中で培った家事術を自分なりにアレンジ。
その術をご紹介します(ベアーズ公式ではなく、
ベアーズで働いている方々の家事の知恵です)。

Bさんの家事テク

冷蔵庫整理テク

①早めに食べる用のトレイを設置、②消費期限の近いものを手前に、③透明なタッパを使う。この3つで冷蔵庫の中を整理。食材がムダにならず、便利！

洗濯

シャツ襟の黄ばみ汚れは、食器用の洗剤をかけて歯ブラシでこする。部屋干しのにおいを防ぐために、ぬるま湯＋漂白剤で30分つけ置きしてから洗濯。

Aさんの家事テク

収納

部屋が狭いので、突っ張り棒を活用。部屋の中で設置できるところにはすべて突っ張り棒を設置。キッチン用品、メガネ、マスクなどをすぐにひっかけられるようにしている。

洗濯

梅雨時など部屋干しが多くなるシーズンは、除湿器が必須。部屋干しするときは、いつも以上に間隔をあけて干す。

料理

忙しく時間がないので、炊飯器を多用。野菜、お肉、水、カレールーでカンタンカレー。ホットケーキミックス、卵、牛乳でパンケーキ。野菜とコンソメ、牛乳でお米を炊いてリゾットなど！

Dさんの家事テク

収納

掃除用品は散らかりやすいので、場所ごとに箱をつくってまとめている。キッチンでは、一目でわかるよう、調味料は透明の容器に入れて収納。フライパンは百円均一ショップで売っているファイルボックスに縦に入れ収納。かさばらないようにしている。

料理

湿気が多い時期（梅雨など）は、食材が湿気でダメにならないように注意。塩、砂糖が湿気ると困るので、珪藻土のブロックに入れて保管。お米は、保管容器に珪藻土を入れ冷蔵庫で保存。野菜室には、丸めた新聞紙を入れている。

Cさんの家事テク

収納

紙袋に小物やバックを入れて収納。同じ種類の紙袋で統一感を出すと見た目がキレイ。

掃除

湿気がこもる靴箱は、寝ている間、開けておく。

洗濯

梅雨の時期は、浴室乾燥機を少しだけ使う。1〜2時間、部屋干しの前か、仕上げに使うといい。

料理

季節で使う食器を変える（色や素材など）と、気持ちよく過ごせる。

COLUMN_08

Fさんの家事テク

収納

収納グッズは使わない。置くスペースがもったいないし、視覚的にうるさくなりがち。商品でもなんでも文字が見えているとごちゃごちゃして、生活感でうっとうしくなるので、お気に入りの容器（箱、ビン、カップ）に入れる。

収納

冷蔵庫の中は、開けたら楽しいようにしておく。素敵な見た目のお酒を入れるなどをして、特別感を演出。1週間くらいは見て楽しむ。

料理

調理道具、鍋、まな板、包丁、お玉、へら、はかりなど、よく使うものは素敵な道具でそろえる。料理がなんとなくおっくうな時期は、自分へのプレゼントで、新しい素敵な道具を買う。

Eさんの家事テク

収納

ものの量を決める。ひとつ増やしたらひとつ減らし、今以上増やせなくする。死角があると把握できなくなるので、見える化して収納。

掃除

3か月ごとに大掃除する場所を決めて掃除をし、年末は大掃除ではなく小〜中掃除くらいで済むようにしている。油汚れは、乾燥した冬場より、温かい夏の方が落としやすいので、夏の大掃除で油汚れをやっつけてしまう。

料理

期限切れを防ぐため、調味料は大きすぎるものを買わず、少量でやや贅沢なものを買う。野菜は切って冷凍し、そのまま使用。まな板、包丁の登場回数を減らす。

ベアーズレディ

野口志保 2009年入社

得意な家事：掃除・料理・アイロン・収納 教育担当社員で家事大学認定講師。パートスタッフとして入社し、累計2,500件以上のサービスを担当。顧客満足度ナンバーワンベアーズレディの経験を持つ。
出演メディア：NHK「首都圏ネットワーク」、テレビ朝日「裸の少年」、テレビ東京「ワールドビジネスサテライト」「DIAMOND ONLINE」、世界文化社『No.1家事代行「ベアーズ」式 楽ラクうちごはん』

ベアーズレディ

川津尚美 2009年入社

得意な家事：掃除・アイロン・収納 ベアーズレディの教育教官。累計6000件以上の家事代行サービスを担当。テレビ、雑誌、セミナーなどでも活躍中。
出演メディア：TBS「ビビット」「この差って何ですか？」、テレビ東京「ワールドビジネスサテライト」、TOKYO MX「東京電波女子」、関西テレビ放送「有吉弘行のダレトク！？」、小学館「Domani」、世界文化社『No.1家事代行「ベアーズ」式 楽ラクうちごはん』

Special Thanks

ベアーズレディの生みの親

高橋ゆき（たかはし ゆき）

家事代行サービス「ベアーズ」の取締役副社長。家事研究家。キッズからシニアまで暮らしの向上を研究し、家事のスペシャリストとしてテレビ・雑誌などで幅広く活躍中。おそうじは、"楽ラク（楽しく、楽に）キレイ"をテーマに、身近にあるものでさまざまなアイディアグッズを開発。また、お掃除を、生活の知恵を伝える場であり、親子とのコミュニケーションの場でもあるとして、親子で夫婦で楽しめる家事コミュニケーションを提唱。

2015年には世界初の家事大学設立、学長として新たな挑戦を開始。2016年のTBSドラマ「逃げるは恥だが役に立つ」で家事監修を務める。

書籍『楽ラク掃除の基本』(学研プラス)、『No.1家事代行「ベアーズ」式 楽ラクうちごはん』(世界文化社) が好評発売中。

出演メディア：日本テレビ「ヒルナンデス」「世界一受けたい授業」、フジテレビ「ノンストップ」など。その他、各種女性誌やWEBメディアの取材も多数。

https://www.happy-bears.com/yukitakahashi/

暮らしが本当にラクになる!
ベアーズ式家事事典

発行日　2021年7月30日　第1刷

監修　ベアーズ

本書プロジェクトチーム

編集統括	柿内尚文
編集担当	栗田亘
デザイン	細山田デザイン事務所
カバーイラスト	オガワナホ
本文イラスト	オガワナホ、かざまりさ、桑原紗織、ヤマグチカヨ
編集協力	木村直子、村本篤信
DTP	廣瀬梨江
校正	荒井順子
営業統括	丸山敏生
営業推進	増尾友裕、綱脇愛、大原桂子、桐山敦子、矢部愛、寺内未来子
販売促進	池田孝一郎、石井耕平、熊切絵理、菊山清佳、吉村寿美子、矢橋寛子、遠藤真知子、森田真紀、大村かおり、高垣知子
プロモーション	山田美恵、藤野茉友、林屋成一郎
編集	小林英史、舘瑞恵、村上芳子、大住兼正、菊地貴広
講演・マネジメント事業	斎藤和佳、志水公美
メディア開発	池田剛、中山景、中村悟志、長野太介、多湖元毅
管理部	八木宏之、早坂裕子、生越こずえ、名児耶美咲、金井昭彦
マネジメント	坂下毅
発行人	高橋克佳

発行所　株式会社アスコム

〒105-0003
東京都港区西新橋2-23-1　3東洋海事ビル
編集部　TEL：03-5425-6627
営業局　TEL：03-5425-6626　FAX：03-5425-6770

印刷・製本　中央精版印刷株式会社

Printed in Japan ISBN 978-4-7762-1153-2